엄마는 누가 돌보지?

이 도서의 국립중앙도서관 출판예정도서목록(CIP)은
서지정보유통지원시스템 홈페이지(http://seoji.nl.go.kr)와
국가자료공동목록시스템(http://www.nl.go.kr/kolisnet)에서 이용하실 수 있습니다.
(CIP제어번호: CIPCIP2017008139)

엄마는 누가 돌보지?

엄마를 위한, 엄마에 의한, 엄마들의 마을공동체

Mothers of The Village

C. J. 슈나이더 지음

조은경 옮김

서유재

차례

프롤로그

나의 이야기 … 6

1부

엄마에게는 '마을'이 필요하다

분노와 죄책감에 대해 … 23

아무런 도움도 받지 못한다는 느낌 … 45

지금 우리에게 필요한 것 … 68

2부

마을 만들기에 꼭 필요한 것들

서로 의지하겠다고 선언하기 … 87

다양성에 대해 깊이 인식하기 … 98

돌봄과 친구 되기 … 109

연결될 곳 찾고 만들기 … 116

할머니, 이모, 언니 들과 친해지기 … 131

주기 그리고 받기 … 146

우리의 불완전함을 끌어안기 … 156

마을을 위협하는 적 식별하기 … 172

동료 엄마들을 위해 봉사하기 … 185

3부

엄마들의
마을

마을로 들어가는 길 ⋯ 201
즐거운 마을살이를 위한 몇 가지 팁 ⋯ 210
사소한 변화가 만들어 내는 기적들 ⋯ 222

에필로그
스스로 외로운 섬이라고 느끼는 엄마들을 위해 ⋯ 235

옮긴이의 말 ⋯ 238
주석 ⋯ 242

나의
이야기

셋째를 낳고 8개월쯤 지난 어느 날, 나는 정신과 진료를 받으며 항우울제 부작용에 대한 이야기를 들었다. 의사의 처방전대로 약을 받아 집으로 돌아온 나는 약병을 찬장에 넣으면서도 이런 일이 내게 일어났다는 사실이 믿기지 않았다. 그러다가 서글프게도 이런 생각이 들었다.

'흠…… 이제는 꼼짝없이 어딘가에 소속된 거로군.'

'행복'이나 '맑은 정신'이라는 단어보다 '소속'이라는 단어가 먼저 떠오른 건 잠을 전혀 못 잔다는 것 말고도 의사를 찾아간 다른 이유가 있었기 때문이다. 그건 감당하기 힘든 외로움이었다.

나의 외로움은 종종 불쑥 튀어나오는 화로 표현되었다. 한번은 갓난아기인 딸과 걸음마를 막 배우기 시작한 아들을 데리고 장을 보러 갔다.

지치고 짜증스러웠지만 사야 할 것들이 있으니 미룰 수도 없었다. 어린 아이 둘을 카트에 태워 쇼핑을 모두 마치고 드디어 계산대에 도달했을 때는 안도감마저 들었다. 그런데 가방을 여니 지갑이 보이지 않았다. 아뿔싸! 차에 두고 온 것이었다. 나는 깊게 심호흡을 하고는 무거운 쇼핑 카트를 밀고 매장 직원에게 가서 물었다. 지금 두 아이가 타고 있으니 카트를 주차장까지 가지고 가서 얼른 지갑을 가져와 계산하면 안 되겠느냐고 말이다. 지긋한 나이에 친절해 보이는 매장 직원은 고개를 좌우로 흔들었다. 사정은 안됐지만 규정에 어긋난다는 것이다. 누구라도 그의 말을 받아들일 만한 상황이었다. 하지만 나는 그때 정신이 완전히 나간 상태였다. 내 가슴에 불을 지른 건 감당해야 할 육체적 수고 때문이 아니라 그 순간 전달된 어떤 '메시지' 탓이었다. 내게는 마치 그 직원이 나만큼 지치고 짜증 나 있는 아이들을 카트에서 내리게 한 뒤, 둘을 안고 끌고 차까지 다녀오는 수밖에 없다고 말하는 것처럼 느껴졌다.

'나는 완전히 혼자야. 소비자의 돈으로 고용된 마트 직원조차 나를 하나도 도와주지 않잖아.'

나는 카트에 실린 물건을 몽땅 꺼낸 뒤 어리둥절해하는 그 직원 옆에 쌓아 놨다.

아이를 낳기 전에도 호들갑스러운 면이 있기는 했지만 평소의 나라면 그날 같은 일은 절대 벌이지 않았을 것이다. 그건 확실한 신호였다. 나는 계속해서 비참하다고 느끼며 스스로를 세상과 단절된 상태로 몰아넣었다. 행복이나 슬픔 같은 긍정적인 감정도 더는 느끼지 못했고, 독감이나 관절 통증 같은 몸의 신호에도 귀를 기울이지 않았다. 그리고 계속해서 먹어 댔다. 거울 속 나는 게슴츠레한 눈을 한 놀이동산의 괴수 고 질라 같았다.

도움이 필요한 순간이었다.

나는 상당히 독립적인 사람이었다. 결혼해서 아이를 낳기 전까지 모 임이나 공동체를 절실하게 원해 본 적이 없었다. 천성적으로 변화를 즐 기는 탓에 익숙한 곳을 떠나는 일도 그다지 힘들지 않았다. 그러니 튼튼 하고 지속적인 공동체를 갖는 것이 왜 중요한지 생각할 필요가 없었다. 그것은 아마도 아이를 낳기 전에는 사람들과 빨리 연결되고 비교적 쉽 게 우정을 쌓을 수 있었기 때문인 것 같다. 그런데 엄마가 되고 난 뒤에 는 새로운 사람들과 관계를 맺고 공동체를 이루어 가는 것이 급격히 힘 들어졌다. 당장이라도 격투기 대회에 나갈 사람처럼 보이는 이상하고도 정신 나간 여자랑 친하게 지내려 하는 사람이 있을 리 없지 않은가.

아이를 낳은 뒤에 새삼 깨달았다. 공동체가 얼마나 중요한지를. 그 리고 그전의 나 또한 공동체의 일원으로서 무한한 이점을 누려 왔다는 것을. 그동안 그걸 너무 당연하게 받아들이며 살아왔던 것이다.

대학 시절에는 학생들로 가득 찬 집에서 살았다. 우리는 그 집을 '구 덩이'라고 불렀다. 이름처럼 오랫동안 방치되었기 때문에 월세가 쌌다. 지금 살라고 하면 진저리를 쳤을 낡은 집이었지만 좋은 친구들이 함께 있었다. 여자 대학생들의 공동체였던 그 '구덩이'에서 우리는 서로의 걱 정거리 등을 이야기할 수 있었다. 거실에서 함께 태보(Taebo:태권도와 권투 의 동작을 결합시킨 체조-옮긴이)를 하고, 예술적 아이디어를 나누고, 여행을 떠나고, 닐 다이아몬드의 노래를 질릴 때까지 들었다.

이후 학비를 벌기 위해 캐나다 해군 예비군에 들어가 암스테르담에서 지낸 적이 있는데 그때에도 의미 있는 공동체를 만난 일이 있었다. 신병 훈련 캠프 내내 힘들었지만 함께한 사람들 덕분에 결국 모든 훈련 과정을 잘 마칠 수 있었다. 그 경험으로 인해 뜻이 맞는 사람들과의 결속이 중요하다는 것을 깨달았다. 뿐만 아니라 공동의 목표를 이루기 위해 조직적으로 함께 일할 때 강력한 힘을 발휘할 수 있다는 것도 알았다.

대학을 졸업한 뒤에는 대만에서 1년 반 정도 영어를 가르치며 마음이 정말 잘 맞는 친구 두 명과 함께 살았다. 대만을 떠올릴 때 가장 좋은 기억은 나를 사랑해 주고, 가르침을 주고, 함께 웃었던 사람들과의 추억이다. 과거에 맺었던 우정으로 인해 느꼈던 기쁨은 늘 행복하게 이야기할 수 있지만 진정 깊이 있고 의미 있는 연결이 어떤 모습인지를 제대로 이해하기까지는 이후로도 꽤 오랜 시간이 걸렸다.

대만에 살 때 만난 재키는 다섯 명의 자녀를 둔 육아 경험이 많은 엄마였다. 그녀는 삶에서 맺은 가슴 따뜻했던 관계와 교류의 경험을 사람들에게 나누어 주었다. 재키의 경험에서 지혜를 얻기까지는 상당한 시간이 걸리긴 했지만 어쨌든 그녀는 나의 스승이다.

그때 나는 교회 청년회 회장이었고, 재키는 청년회를 이끄는 지도자 중 한 명이었다. 당시 한 젊은 대만 여성이 청년 그룹에 들어오고 싶어 했다. 그 그룹의 회원들은 미국인이거나 영어를 자유롭게 쓰는 사람들이었는데 그녀는 영어가 능숙하지 않았다. 그런데 재키는 그녀를 먼저 걱정했다. 그녀가 어딘가에 소속되어 사랑과 관심을 받으며 그룹의 일원이라 느낄 수 있도록 도와주고 싶어 했다. 하지만 나는 의구심이 들었다. 그녀라면 영어보다는 모국어로 이야기하는 그룹에서 더 편안하지 않을까? 설령 영어를 조금은 할 수 있다고 해도 반어법이나 문화에 기반한 표현이나 유머까지 이해하기는 힘들 거라고 생각했다. 소통에 어려움이 있다면 어떻게 공통점을 찾고 진심으로 연결될 수 있겠는가? 그때의 나는 재키의 생각에 동의할 수 없었다.

하지만 재키의 생각은 달랐다. 그녀는 남편이 국제선 여객기 조종사였기 때문에 세계 여러 나라에서 살아 보았다. 중국에서 살 때 아이를 갓 낳았는데 친척이나 알고 지내는 사람이 하나도 없었다. 아기와 살림을 도와주기 위해 고용한 중국인 도우미 메이를 빼놓고는 도움을 받을 곳이 거의 없었으니 뭐든 혼자 해결해야 했다. 그녀는 당시에 메이를 얼마나 소중히 여겼는지 모른다고 말했다. 재키와 메이가 소중한 우정을 가꿔 나갈 수 있었던 것은 같은 책을 좋아하거나 정치적 견해가 같아서가 아니었다. 둘 다 닐 다이아몬드의 열렬한 팬이기 때문도 아니었다. 그저 함께 바닥 청소를 하고, 놀고, 아기들을 돌보았다. 그리고 메이는 재키가 힘들고 외로운 시간을 보낼 때 그녀와 함께 있었다. 그 시간을 함께 통과하면서 둘 사이에는 깊은 유대 관계가 만들어졌다.

나는 종종 재키의 이야기를 떠올린다. 엄마로서 다른 엄마들과 연결되는 방법을 마련하는 데 도움과 영감을 얻기 위해서다. 하지만 내가 대만에 살기 이전에는 재키가 말한 방식의 우정을 나눠 본 적이 없었다. 더구나 아이를 낳기 전에는 힘든 시간을 함께 보냄으로써 얻게 되는 동지애를 몸으로 이해하지 못했다. 내가 어울리는 공동체는 주로 즐거움과 재미 위주로 꾸려졌기 때문이다.

대만 생활을 끝내고 다시 캐나다로 돌아와 일을 잠시 쉬고 있을 때, 대만에서 미국으로 온 친구를 만나기 위해 캘리포니아에 간 적이 있다. 그녀의 아기는 한 살이었는데, 태어날 때부터 많이 아파서 특별한 보살 핌이 필요했다. 의사는 아이가 태어나도 오래 살지 못할 거라고 예측했지만 내 친구의 지극한 사랑이 아이를 1년 넘게 살렸다. 지금도 모든 일에 감사하며 살고 있는 그 친구는 내게 영웅이나 마찬가지다.

하지만 당시 나는 아무 생각도 없었고 이기적이기까지 했다. 누군가와 관계를 맺어서 얻는 이점은 좋지만 그러기 위해 쏟아야 하는 노력과 수고에는 별로 관심이 없었다. 그때 내가 캘리포니아에 간 이유는 오로지 서핑 때문이었다. 그런데 친구는 아기 때문에 같이 서핑을 할 수 없었다. 나는 아기 때문에 아무것도 함께할 수 없다는 게 짜증스럽기만 했다. 그때의 내 모습이 생각날 때마다 너무 부끄러워서 쥐구멍에라도 숨고 싶지만 그것도 내 모습이었다. 나는 내가 원하는 것과 개인적 성취가 언제나 우선이 되어야 한다는 생각에만 머물러 있었다.

또한 천성적으로 한 가지에 전념하지 못하는 성격 때문에 균형감이 떨어지기도 했다. 나는 새롭고 특이한 것을 좋아한다. 똑같은 상황이 계속되면 왠지 답답해진다. 한군데 오래 머무르지도 못하고 사람들과 지속적으로 연락하는 일 또한 힘들다. 심지어 안정된 직업이나 결혼, 어딘가에 정착하는 것처럼 누구나 바라는 일에도 겁부터 집어먹었다. 당연하게도 나는 공동체의 중요성 같은 건 생각해 보지 않았고 필요하다고 느낀 적도 없었다. 어딘가에 혹은 누군가에게 얽매이지 않고 그저 독립적으로 살고 싶었다. 직업이 있고 차가 있고 휴가 일수도 넉넉한 나의 삶이 충분히 만족스러웠다.

그런데 언젠가부터 내가 누리는 자유가 무척 소중하다가도 조용한 순간이 오면 왠지 마음이 흔들리기 시작했다. 내가 뭔가를 그리워하고 있다는 것을 느낄 수 있었다. 처음에는 조용한 순간에만 그런 생각이 들더니 언제부터인가 마음에서 짜증이 일었다. 마음은 나를 제멋대로 쥐락펴락하며 잔소리를 해댔다. 메시지는 확실했다. 내 마음은 사랑할 또다른 누군가를 원했던 것이다.

부모님과 교회로부터 가족에 대한 헌신이야말로 지속적인 기쁨에 이르는 관문이라고 배웠던 것이 기억났다. 내 마음은 가정을 꾸려 얻을 수 있다는 행복, 지혜, 강인함을 바라고 있었다. 그동안 내가 누린 좋은 것들을 내주는 대신 더 좋은 것을 얻기 위해 노력해야 할 시간이 되었음을, 그게 바로 정확하게 내 마음이 바라는 것임을 깨달았다.

그래서 조던과 결혼했다. 고향에서 아주 가까운 곳에서 결혼식을 올리고 이틀 뒤 우리는 영국 옥스퍼드로 갔다. 그곳에서 남편은 공부를 하고 나는 일을 했다. 옥스퍼드에 살면서 우리는 교류와 소통을 원하는 세계 곳곳에서 온 커플들을 만났다. 그들은 대체로 호기심 많고 재미를 추구하는 사람들이었다. 그들과 기분이 내키면 즉석에서 캠핑을 가고, 멋지고 아늑한 영국식 식당에서 저녁 식사를 하고, 언제든 기분이 날 땐 영화를 보러 갔다. 천국이 따로 없었다. 나는 역시 인생을 건 도박을 한 보람이 있다고 생각했다.

이어 임신을 했다. 엄마가 되면 모든 것이 바뀐다. 아이를 하나씩 낳을 때마다 나는 점점 더 연약해졌다. 스코틀랜드에 살면서 세 살 터울로 아들 둘을 낳았는데 첫째 윌을 가졌을 때는 전반적으로 느려지기는 했지만 비교적 자유로웠다. 낮 동안 아기띠로 윌을 싸매 안고 스코틀랜드 시골의 아름다운 오솔길을 산책하곤 했다. 주말이면 우리 부부는 한 시간 이상 차를 달려 좀 더 먼 곳으로 나갔다. 남편이 윌을 등에 업고 함께 몇 시간씩 하이킹을 하기도 했다.

어느 해에는 부모님과 함께 유럽 여행을 가기도 했다. 당시 윌은 한 살 반이었다. 독일, 오스트리아, 크로아티아, 이탈리아, 슬로베니아 등 여러 나라를 돌아다니는 동안 윌은 꽤 만족스러워하며 느긋하게 유모차에 앉아 있었다.

둘째 아이를 임신했을 때는 시부모님이 오셔서 포르투갈 여행에 데려가 주었다. 이때부터 불길함의 기운이 느껴졌다고나 할까. 임신 중이니 불편한 것은 물론이거니와 아장아장 걷기 시작한 윌이 유모차에 가만히 앉아 있지를 않았다.

포르투갈은 멋진 나라였다. 하지만 임신으로 인한 고통과 불만 가득한 상태로 아장거리며 돌아다니는 아이 뒤만 졸졸 따라다녀야 하는 상황은 정말이지 짜증스럽기 이를 데 없었다. 윌은 비둘기나 나비를 쫓아다니는 것에만 관심 있을 뿐 미술이나 건축에는 눈도 주지 않았다. 두 살짜리 아이의 당연한 모습이기도 했다. 포르투갈 여행을 통해 엄마 노릇의 현실과 맞닥뜨렸다. 압도될 정도는 아니었지만 앞으로 점점 더 어려워질 거라는 예감은 충분히 들었다.

재정적으로도 힘들어졌다. 여행이야 부모님들이 여유가 있어서 비용을 보태 주었지만 하루하루를 꾸려 가야 하는 현실은 다른 문제였다. 2008년에 세계 금융 위기가 닥쳤을 때, 많은 사람들이 그랬듯 조던도 직장을 잃을까 봐 초조해했다.

그 무렵 동생의 도움을 받아 나는 스코틀랜드 애버딘 교외인 피터쿠터(Peterculter)에 있는 엄마와 아이를 위한 작은 공동체에 안착할 수 있었다. 그곳에서 세계 곳곳에서 온 엄마들과 소통하기 시작했다. 우리에게는 두 가지 공통점이 있었다. 걸음마를 하는 어린아이가 있다는 점과 고향으로부터 멀리 떨어진 곳에 살고 있다는 점이었다.

엄마들과 모임 이외에도 시간을 정해 만나서 아이들끼리 놀게 하고, 함께 산책을 하고, 생일이나 크리스마스를 함께 즐겼다. 그중 한 엄마는 불교신자였고 또 한 사람은 남편이 이슬람교도였지만 서로 무엇을 믿는지는 상관없었다. 우리는 엄마가 되어 '처음' 하게 되는 일들을 함께 경험했다. 아기의 배변 훈련, 분만시 요령, 이유식 만드는 법, 훈육 방법, 아기에게 이가 날 때 알아야 할 사항 같은 것을 공유했다.

둘째 아이를 임신했을 때는 마음이든 에너지든 다른 사람에게 줄 게 거의 없는 상황이었지만 엄마들과의 우정은 더욱 깊어졌다. 특히 둘째를 낳아 보니 사람들이 왜 그렇게 공동체가 필요하다고 말하는지 조금씩 이해가 갔다.

모임의 엄마 중 특히 세 명이 진정한 마을살이가 어떤 것인지에 대해 너그럽고 풍요롭게 가르쳐 주었다. 내가 둘째 때문에 힘들어할 때 세 엄마 중 한 사람이 아이들과 함께 청소 용품을 가지고 내 아파트에 와 줬다. 그녀는 큰아이는 자기가 볼 테니 낮잠을 좀 자라고 명랑하게 말했다. 그녀와 그녀의 아이들이 집 안을 청소하는 동안 나는 방으로 들어가 누웠다. 고마운 마음이 밀물처럼 몰려들었다. 몇 년이 지나도 그때를 회상하면 마음이 따뜻해진다. 단순히 내 아이를 봐주고, 낮잠을 자라고 청해 주고, 청소를 해 줘서만이 아니다. 내 아파트에 찾아와 혼자가 아님을 알려 준 것이 그 무엇보다도 고마웠다.

또 다른 소중한 친구는 당시 어둡고 의욕 없는 상태인 내게 아름다운 스코틀랜드의 오솔길과 성에 있는 평화로운 정원을 걷자고 계속 청해 주었다. 그녀가 없었다면 그 힘든 시간을 어떻게 견뎌 냈을지 모르겠다.

또 다른 멕시코 친구도 기억난다. 애버딘에서 남편과 딸과 함께 살았는데 그녀는 언제나 음식, 우정 등을 너그럽게 나눠 주었다. 내가 외롭다는 말을 하니 그녀는 멕시코에서는 언제나 예고 없이 친구와 가족들이 찾아온다고 했다. 빌린 물건을 돌려주러 오기도 하고, 화장실을 좀 써도 되는지 묻기도 한다고 했다. 때론 아무 일 없이 들러서 그저 담소를 나누기도 하고 말이다. 그녀의 고향 멕시코에서는 사람들의 삶이 서로 열려 있고 연결되어 있다고 했다.

하지만 멕시코같이 개방적인 성향의 나라에서나 가능한 일이지 내성적인 성향의 영국에서는 일어나기 쉽지 않은 일이었다. 한번은 그녀의 생일에 사람들이 각기 다른 이유로 예고 없이 그녀의 집을 한 시간 간격으로 방문하게 하는 계획을 짜 본 적이 있다. 나는 결국 조심스러움을 극복하지 못해 실행에 옮기지는 못했다. 사람들이 나를 이상하다고 생각하지 않을까 싶어서였다. 그런데 지금은 '그때 그냥 해 볼걸!' 하는 생각이 든다.

나의 연약함을 드러내려면 용기가 필요하다. 손을 뻗는다는 것은 조금은 용기를 내야 한다는 의미다. 우정을 나누고 친해지자고 청하는 일은 두려운 일이다. 어렵게 마음을 열었는데 거절을 당하면 괴로울 수도 있다. 하지만 그런 이유 때문에 아무것도 청하지 않고 행동하지 않으면 결국 더 나쁜 결과를 가져올 수도 있다.

낯선 도시에서 셋째를 낳고 보니 엄마들에게 지원망은 필수 요소라는 것을 깨달았다. 그것은 부모들이 맞닥게 되는 여러 가지 문제를 푸는 확실한 해결책이기도 하다. 세계보건기구(WHO)는 "사회 지원망이 없으면 산후 우울증을 앓을 잠재성이 상대적으로 더 커진다"[01]고 말한다. 뿐만 아니라 사회 지원망이 없으면 중독은 물론, 정신과 육체 건강이 나빠지고 재활도 더뎌지며 그 밖에 수많은 문제를 일으키기도 한다. 엄마에게만 그런 것이 아니다. 사회적 지원은 누구에게나 필수적이며 다른 것으로 대체하기 어려운 조건이다. 사람은 누구나 평소보다 훨씬 더 절박해지고 외로움에도 취약해지는 때가 있다. 셋째를 임신했을 때 내가 그랬다.

되돌아보면 그때 나는 최악의 상황에 놓여 있었다. 분별력을 잃을 만한 조건은 다 갖추고 있었다. 엄마라면 누구나 공감할 것이다.

나는 내 아이들을 열렬히 사랑한다. 하지만 임신했을 때 느꼈던 지옥처럼 시커멓고도 불같은 감정은 돌이키고 싶지 않다. 선택할 수만 있다면 임신 상태로 아홉 달을 있느니 차라리 아홉 달 내내 분만을 하겠다고 생각할 정도였다. 게다가 셋째 아이를 가졌을 때는 최악이었다. 나는 극도로 지친 상태에서 내내 비참하고 우울한 기분이 들었지만 두 아이를 돌보기 위해 최선을 다해야 했다.

상대적으로 날씨가 온화한 영국에서 5년 동안 살다가 다시 캐나다로 돌아왔을 때는 한겨울이었다. 겨울은 사람들과 교류하는 데는 적절하지 않은 계절이다. 캐나다의 겨울은 혹독하다. 문을 열면 추위가 몰아닥쳐 집 안으로 다시 들어가지 않고는 못 배기게 만든다. 집 안에서 혼자 외롭게 지내야 하는 계절인 것이다.

돌아와서 2년 동안은 이곳저곳을 옮겨 다녔다. 그리고 다시 새로운 집으로 이사 가기 직전에 셋째 아이를 가졌는데 아는 이웃이 단 한 집도 없었다. 남편은 늘 퇴근이 늦었고 그나마도 집에 돌아오면 여러 가지 허드렛일을 해야 했다. 남편에게도 힘든 시기였다. 우리는 늘 함께하며 서로에게 최고의 친구가 되었지만 둘만으로는 역부족인 시간이었다.

친구가 필요해 지역의 엄마와 아기 모임에 나가보았지만 잘 지내지 못했다. 다른 학부모들과 친구가 되려고 노력했으나 2년이 지나도록 고작 인사 정도나 할 뿐이었다. 교회에 나가서 최선을 다해 내게 다가오려는 사람들을 만났지만 왠지 그들처럼 적극적으로 다가가기는 힘들었다. 나는 그저 아기가 태어날 날만 손꼽아 기다렸다. 그러면 진짜 삶을 살 수 있을 거라고 생각했다.

마침내 막내 세이디가 태어나자 비로소 원래의 내 몸으로 돌아왔다는 생각에 행복했다. 이제 불행은 끝이라 낙관하며 희망을 가졌다. 물론 세이디가 태어나고 몇 달은 행복했다.

그런데 아기가 제대로 잠을 자지 않는 것이었다. 밤에 계속해서 깨는 바람에 나는 녹초가 됐고 힘겹게 하루하루를 버텨야 했다. 첫째 아이를 낳고는 가능했던 오후 낮잠도 셋째 때는 사치가 되었다. 둘째가 더 이상 낮잠을 자지 않았고 막내는 자 봤자 45분 뒤면 깼다. 그런 생활이 8개월이나 계속되었다. 나는 완전히 지쳤고 나중에는 거의 정신이 나갈 지경이었다. 심하게 불안했다. 하루가 끝난 뒤 잠자리에 들 시간에도 중요하지 않은 문제들을 걱정하느라 마음은 정신없이 분주했다. 잠을 잘 수 없어서 밤새 영화를 보기도 했다. 나는 이미 무너져 내리고 있었다. 지칠 줄 모르는 어린이 둘과 갓난아기 하나를 데리고는 도저히 다시 일어설 시간도 힘도 없었다.

아는 사람들이 도와준다고 했지만 무엇을 부탁해야 하는지도 몰랐다. 모유 수유를 하면서 밤에 푹 잘 잘 수 있는 방법을 물어보겠는가? 몸과 마음을 추스를 때까지 아이들을 일주일 아니면 한 달만 맡아 달라고 부탁하겠는가?

묵묵히 시간을 견디는 동안 나는 점점 화가 났고 참을성과는 거리가 멀어졌다. 그리고 무엇보다 누구와도 연결되고 싶지 않았다. 그저 오롯이 혼자이고 싶었다. 하지만 그때 내게 필요한 것은 혼자 있지 않는 것이었다. 공동체, 가족, 오랫동안 사귄 친구들이 와서 함께 울고, 떠들고, 농담을 하고 내가 잠시 맑은 공기를 맡으며 운동을 할 동안 아이들을 봐줄 누군가가 필요했던 것이다.

하지만 가까이에는 그렇게 해 줄 사람이 없었다. 나는 일정한 지원망을 만들 만큼 한곳에 오래 머물지 않았다. 어쩔 수 없이 의사를 찾아갔다. 하지만 의사가 일상을 공유하며 서로 의지하는 여성들로 구성된 지원망을 처방해 줄 수는 없는 노릇이다. 나는 그저 작고 하얀 알약 처방전을 받았을 뿐이다.

분명하게 밝히고 싶은 것은 산후 우울증을 극복하기 위해 전문가의 도움을 찾거나 약을 복용하는 엄마들을 말리기 위해 이 책을 쓴 게 아니라는 점이다. 임신 기간이나 분만 또는 산후 기간이 힘들고 살면서 가장 약해지는 시기이지만 엄마 노릇의 어려움이 오직 그때에만 국한되는 것은 아니다. 아이는 놀라움과 기쁨을 가져다주는 특별한 존재이면서 동시에 가슴 아픈 고통과 좌절의 문을 수시로 열게 하는 존재이기도 하다. 자녀를 삶으로 인도하는 막중한 임무를 맡은 엄마들에게 필요한 것은 지원이다.

이 책의 목표는 엄마들과 언젠가는 엄마가 될 다음 세대의 딸들을 위해 좀 더 원활한 지원이 가능한 환경을 만들 수 있다는 희망을 전하면서 엄마로서의 경험을 깊이 생각하고 지원망을 만들 공간을 마련하는 것이다.

엄마로서 우리는 운명 공동체이다. 함께한다면 우리 엄마들이 겪는 어려움과 애통함을 좀 더 건강하고 나은 방식으로 헤쳐 나갈 수 있다는 것이 내가 내린 결론이다.

1890년 여름에 빈센트 반 고흐는 말기 작품 중 하나인 〈까마귀가 나는 밀밭〉 작업을 마쳤다. 그리고 1890년 7월 29일 생을 마감했다. 이 그림의 반은 풍요로운 황금빛 밀밭이 차지한다. 하지만 행복한 추수를 부르는 평원 위로 불길한 느낌의 어두운 하늘이 펼쳐져 있다. 폭풍우를 예고하는 것이다. 이 그림은 엄마가 된다는 것의 의미를 완벽하게 표현하는 듯하다. 황금처럼 찬란한 기쁨이 폭풍우가 몰아치는 하늘과 묶여 있다. 엄마가 되기 위해 걸어가는 여정이 그렇듯 너무도 많은 사람들이 홀로 엄마의 길을 걸어간다는 사실이 나는 슬프다.

그림을 좀 더 자세히 보면 수백 개의 작은 붓질 자국이 있다. 수많은 붓질 자국이 캔버스에 모여 그림이 되고 이야기가 된다. 빈 캔버스에 덩그러니 하나의 붓질 자국만 있다면 반 고흐의 그림같이 강력한 이야기를 들려주기는 어려울 것이다. 이처럼 여성 전체가 만들어 내는, 다음 세대를 기르고 돌보는 위대하고 창의적인 작품에는 수많은 붓질이 들어가야 한다.

엄마는 결코 혼자, 단 한 번의 붓질처럼 행동해서는 안 된다. 엄마들은 함께할 때 최선을 발휘할 수 있다. 그러니 엄마들에게는 연합이 필요하다. 그리고 함께 사는 마을이 필요하다.

1부

엄마에게는
'마을'이
필요하다

우리 모두에게 필요한 마을을 만드는 데 유용한 아이디어를 나누고 싶다. 그래서 그전에 1부에서는 마을 건설에 용기를 북돋워 주는 수많은 엄마들의 이야기와 더불어 내가 한 경험을 공유하고자 한다. 산후 우울증으로 인한 고통을 전문적인 도움을 받아 극복하려는 엄마들을 말리려는 의도는 전혀 없다. 엄마로서의 경험을 개선하고, 짐을 덜고, 다른 엄마들과 연결되고 친해져서 얻는 즐거움을 누릴 방법 중 고를 수 있는 선택지가 더 있다는 사실을 엄마들에게 알려 주려는 것이 나의 목표다. 엄마들의 마을에 일원이 되면 회복력이 강해지고 우울증, 피로감, 외로움, 분노, 죄책감을 더 잘 극복할 수 있다.

분노와
죄책감에
대해

당신은 우주가 불안해한다고 상상할 수 있는가?

사막으로 가 밤하늘의 별을 바라보라.

그러면 질문의 답을 얻을 것이다. ——— 노자

사막의 하늘을 상상해 볼까?

　자, 차갑지만 상쾌한 사막의 밤공기 속으로 들어간다고 상상해 보자. 모래가 밟히는 느낌이 오면 바로 그때 멈춰 서자. 사막의 광대함과 고요함에 압도되는 느낌이 들면, 무수히 많은 별이 박혀 있는 하늘에서 쏟아지는 반짝거림에 이끌려 시선이 위로 향할 것이다. 당신 앞에 펼쳐진 무한함의 기적을 쳐다보려고 하는데…… 갑자기 아이 학교의 현장학습 도우미를 할 수 없다고 전화하는 것을 깜빡한 일이 기억난다.

'현장학습 동의서에 누가 서명했더라? 남편이 했나? 아니면 내가?'

서명할 동의서는 뭐가 그리 많은지……. 하다못해 체육관에서 간단한 과학 실험 발표를 하는데도 동의서에 서명을 해야 한다. 삶은 왜 이리도 복잡한 걸까?

사는 게 그렇다. 차 뒷좌석에 앉은 아이들이 시끄럽게 엄마를 불러 대는 일과 같다. 아이들은 자기네들끼리 우기고 싸우던 자질구레한 일을 시시콜콜 엄마에게 다 늘어놓는다. 바로 그때 막내는 때맞춰 바지에 응가를 해 버릴 것이다.

그렇다. 당신은 냄새나고 악을 쓰며 울어 대는 아이들을 데리고 사막에 혼자 있는 느낌일 것이다. 다시 하늘의 별들을 향해 '너희들은 편안한 자리에 앉아 쉬고 있어서 참 좋겠다!'며 억울해 하겠는가? 노자도 사막에서 노닐기보다 집에서 아이들 돌보는 데 더 많은 시간을 보냈을까? 그건 잘 모르겠다. 하지만 셋째 아이를 낳고 힘든 시간을 보낼 때 나는 불안감에 시달렸다. 평화로운 사막의 밤하늘을 바라보는 느낌은 고사하고 그 비슷한 것도 가져보지 못했다.

이런 감정을 느끼는 엄마가 어디 나쁘겠는가. 분노와 죄책감은 사막의 밤하늘을 보며 느끼는 행복감을 방해한다. 하지만 꺼져 버리라고 소리 지르기 전에 먼저 이 두 가지 감정을 정확하게 바라보겠다는 의지를 가지는 것이 좋겠다.

　분노와 죄책감에 대해 이야기하기 전에 먼저 삶에서 힘들고 까다로
운 부분에 대해 논의하는 것이 왜 중요한지 말하고 싶다.

　나는 좋은 것, 나쁜 것, 추한 것을 모두 포용하는 것을 좋아한다. 의
사가 항우울제를 처방해 줬을 때도 내 고통을 파헤칠 준비가 되어 있었
다. 모든 것을 제대로 이해하기 위해 슬픔과 분노를 헤쳐 나아간 엄마들
이 쓴 책을 읽었다. 상황을 분명하고 확실하게 알고 싶어서였다. 『모성
의 대가(The Price of Motherhood)』, 『완벽한 광기 : 광란의 시대의 엄마 되
기(Perfect Madness : Motherhood in the Age of Insanity)』, 『집 안의 마녀(The
Bitch in the House)』를 읽고 나니 답답하고 미칠 것 같은 기분이 조금은
누그러졌다. 그렇게 힘들고 미칠 것 같은 기분이 엄마라면 누구나 겪을
수밖에 없는 감정임을 알아차리게 된 것이다.

　이런 종류의 책은 그저 감사하는 마음보다는 불평불만을 늘어놓는
다고 생각해 일단 싫어하는 여성들도 있다. 살다 보면 자신이 짊어져야
할 부분을 인정하고 묵묵하게 그 짐을 지고 걸으며 고난이 우리를 더욱
아름답게 만들 수 있음에 감사해야 할 때가 있다. 그 대표적인 사례가
바로 엄마 되기이다. 엄마로서의 삶에는 기쁨, 즐거움, 성취감 등과 함께
언제나 도전과 고통, 고난이 뒤따른다.

　엄마로서의 삶과 고통은 일종의 일괄 거래 상품과 같다. 성경의 아
담과 이브 이야기에서 하느님은 엄마가 될 이브에게 "네가 수고하고 자
식을 낳을 것이다"[01]라고 말했다. 나는 하느님의 이 말이 저주가 아니라
설명이라고 생각한다.

엄마의 삶이 감내해야 하는 고통과 희생은 보편적이다. 아프리카의 엄마들은 자식을 소년병으로 빼앗기기도 한다. 가난에 허덕여 딸을 매음굴로 보내야 하는 엄마들도 있다. 기후 변화로 인해 난민이 된 엄마들은 고향을 떠나 빈민가에서 자녀를 키워야 한다. 미얀마의 엄마들은 결핵약을 살 돈이 없어서 허망하게 자식을 잃기도 한다.

이런 엄마들의 상황과 비교하면 내가 호소하는 외로움쯤은 한가한 문제라고 할 수도 있다. 하지만 엄마들의 모든 고난에는 공통점이 있다. 그건 바로 엄마들이 사랑하는 사람과 가슴 아프게 단절된다는 사실이다. 이건 타격이 크다. 이렇게 될 경우 스스로 살아야 할 가치가 없다고 느낄 수도 있다. 누군가와 연결되는 삶은 인간의 기본적 욕구이다. 이는 여유 있게 사는 나라 사람들의 철없는 불평불만이 아니라 기본적인 생존의 문제이다.

힘들 때는 모든 것이 어긋나 보이기도 하지만 고난은 기쁨의 수단이 될 수도 있다. 고통이 사람들에게 사랑받고 자신이 소중한 존재라고 느끼는 욕구를 촉진하기 때문이다. 나도 힘든 시간을 보내면서 엄마를 향한 사랑이 더욱 강해졌다는 것을 확인했다. 엄마는 내가 가장 힘들 때 찾아와 그 누구도 하지 않은 방법으로 나를 도와주었다. 그리고 정작 줄 것이 거의 없는 나를 자신의 집과 삶으로 초대해 준 여성들에게도 열렬한 사랑을 느꼈다. 또한 화가 나 있고, 우울해하며 끔찍하게 구는 나를 인내와 헌신으로 기다려 준 남편을 향한 사랑 역시 더욱 굳건해졌다.

인간이 겪는 고통에는 연합의 잠재성이 들어 있다. 우리는 고통 중에 있을 때 용기와 사랑, 희생을 경험하고 서로가 필요함을 깨닫는다.

고통은 우리가 서로 연결되어야 함을 상기시켜 주는 위대한 역할을 한다. 나는 기꺼이 "고통에 신음하는 이와 함께 울어 주겠다"[02]는 한 여성의 제안이 긍정과 사랑에서 비롯된 행동이라고 본다. 그리고 엄마인 우리는 서로를 위해 함께 울어 주고 아파할 기회가 많다.

하지만 엄마인 우리는 함께 나누고 연결되는 삶에서는 많이 물러서 있는 것 같다. 나는 지독할 만큼의 단절이 오늘날 엄마, 아빠 그리고 아이들에게 건강하지 못한 고통을 불러일으킨다고 생각한다. 힘을 키울 수 있는 고난의 바다가 해일처럼 몰려오면 머물던 곳을 떠나 좀 더 높은 곳을 찾아야 한다.

엄마들은 서로의 마음을 연결하고 모으는 법을 알아야 한다. 진실은 사랑이 퍼져 나가는 데 도움이 된다. 그러니까 모든 면에서 완벽해 보여야 한다는 압박을 느끼지 않으면서 허심탄회하고 진실되게 마음을 열 수 있으면 된다.

긍정은 그 어떤 것보다 힘이 세다. 긍정이야말로 행복에 필수 요소라고 할 수 있다. 하지만 긍정을 위해서라면 먼저 치열할 정도로 스스로에게 정직해야 한다. 마음을 열고 정직하게 행동하는 것이 가치 있는 일임을 서로에게 상기시키는 것이 필요하다. 그렇게 하는 이유는 많은 사람들이 오로지 좋은 것, 장밋빛 이야기만을 듣고 싶어 하기 때문이다. 사람들은 우울한 것을 원하지 않는다. 하지만 그렇게 되면 치러야 하는 대가도 있다. 나 자신을 드러내지 않고 타인에게 도움을 청할 수는 없다. 생각해 보자. 스스로에게 거짓말하고, 다른 이의 진실을 인정하지 않는다면 다른 사람들과 연결된 끈을 싹둑 잘라 버리는 결과를 가져오지 않겠는가! 문제를 부정하면 해결책으로부터 점점 더 멀어지기 마련이다.

진실은 연결이다.

진실은 눈을 뜨게 만든다.

진실은 자유로 가는 길이다.

나는 존 스타인벡의 『에덴의 동쪽』에서 아버지가 리에게 그의 어머니가 어떻게 죽었는지 이야기하는 부분을 가장 좋아한다. 리는 다음과 같은 경험을 이야기한다.

> 나는 아버지에게 이렇게 말했다.
>
> '그 호수로 가세요. 어머니를 그곳으로 데려가요. 그 일이 또다시 일어나게 하지 마세요. 이번에는 안 돼요. 한 번만 더 이야기하죠. 어떻게 그 호수로 가서 전나무 가지로 집을 지었는지 말이에요.' 그러자 아버지는 마치 중국인처럼 말했다. '끔찍하더라도 진실이 아름다운 법이다. 성문에 있는 이야기꾼들은 삶을 왜곡시키지. 그래서 게으르고 어리석고 약한 자들에게는 삶이 달콤해 보이는 거야. 하지만 그건 그들의 병을 더욱 악화시킬 뿐이야. 아무것도 가르쳐 주지 않고 치유해 주지 않아. 그저 마음만 아프게 하는 거야.'[03]

상황이 어떻든 우리가 품는 분노와 죄책감은 매우 의미심장한 결과를 가져온다. 분노와 죄책감이 대수롭지 않다고 치부해 버리거나 오히려 그런 감정을 느끼는 자신을 질책하고 싶을 수 있다. 하지만 어렵고 추악한 것이 우리를 하나의 공동체로 묶어 주고 마음을 활짝 열도록 도와줄 잠재력을 가지고 있음을 상기할 필요가 있다.

가족을 버리는 엄마들

신용카드를 신청하고 거래 은행을 바꾸는 일에 대해 은행원과 상의를 하던 중 어쩌다 이 책 이야기를 한 적이 있다. 은행원은 내 책에 흥미를 느끼는 것 같았다. 그는 사뭇 진지한 태도로 자신의 약혼녀는 아기를 원하지 않는 것 같다고 말했다. 이는 매우 다정하고 친근한 그의 어머니와는 전혀 다른 모습이라며 혼란스러워했다. 약혼녀에게, 그리고 수많은 그녀의 친구들에게 아이를 갖는다는 것은 직업, 돈, 휴가, 자유 등 그들이 누릴 수 있는 여러 기회의 문이 닫히는 것을 뜻할 것이다. 말하자면 '그들은 아이를 가졌다. 그래서 그 길로 끝장났다'로 끝나는 옛날이야기 같다고 할까. 나는 생각이 다르다. 내 아이들이야말로 여러 가지 점에서 나라는 존재의 시작이었다. 아이들은 내게 영혼과 감정의 문을 열어 줬다. 이것이 아이들이 없었다면 결코 하지 못했을 경험이라는 사실을 내면 깊숙이 깨달았던 나는 안타까웠다. 물론 엄마가 된다는 것은 힘들고 어려운 일이며 내가 그랬듯 많은 여성들이 조금은 망설인다는 점을 이해할 수 있다.

하지만 단순히 주저하는 것 이상의 현상이 발생하고 있다. 자녀와 가족을 버리는 엄마들의 숫자 또한 증가하고 있다.

심리학자 페기 드렉슬러(Peggy Drexler)는 CNN의 전문가 기고란을 통해 가족을 버리는 엄마들이 늘고 있다고 지적했다.

대부분의 엄마들은 매우 지치고, 짜증스러우며, 자녀 양육의 책임과 의무에 함몰되는 느낌에 익숙하다. 이는 개인에 따라 더 심하게 느끼기도 한다. 그래서 잠깐이나마 도망쳐 버리고 싶다는 생각에 빠지는 엄마들도 있다. 구체적인 통계는 없지만 보고에 의하면 실제로 가족을 버리고 떠나거나 포기하는 엄마들이 있다고 한다. 실제로 우리는 원해서든 사정이 있어서든 자식을 버리고 떠나는 엄마들의 이야기를 듣는다.[04]

드렉슬러는 가족을 포기하는 엄마들의 숫자가 늘고 있는 원인으로 개인주의 문화를 지목했다. 우리 시대가 점점 더 다른 사람이나 사회 전반에 미칠 영향은 고려하지 않고 개인에게 일시적으로라도 이롭고 득이 되는 선택을 하는 것이 가치 있다고 보는 개인주의 문화를 지지하는 방향으로 움직인다는 이야기다. 나는 개인주의를 권장하는 문화가 사람들의 삶에 문제를 일으킨다는 드렉슬러의 의견에 동의한다.

2013년 7월, 공동체의 지원이 절실했지만 도움을 받지 못한 한 여성에게 가슴 아픈 사건이 일어났다. 매니토바 주 위니펙에 사는 한 여성이 두 살인 딸과 3개월인 아들을 물에 빠뜨려 죽인 뒤 스스로 목숨을 끊은 일이 있었다. 보도를 보면 곱슬머리 금발의 예쁜 여성이 웃고 있는 사진이 나왔다. 그녀는 갓 태어난 아들을 안고 있었고 귀여운 딸은 친근하게 엄마를 붙잡고 있었다.[05]

이 사건은 산후 우울증이 아닌 산후 정신병으로 고통받는 사례였지만 어쨌든 이 사건이 알려진 뒤 수많은 엄마들이 온라인을 통해 비슷한 심경을 토로했다. 산후 후유증에 시달리는 많은 여성들이 고충을 호소할 계기가 마련된 것이다. 다수의 엄마들이 온라인에 개인적인 육아 경험을 나눴다. 이들은 분노하고 지쳐 고립된 상태에서 힘겨운 도전을 홀로 감내하기보다는 믿고 의지할 수 있는 연결망, 지원, 엄마들의 공동체가 필요하다고 말했다.

위니펙 사건은 극단적인 사례이지만 충분한 지원을 받지 못할 경우 엄마들에게 어떤 일이 벌어질 수 있는지를 보여 주는 충격적인 경고의 메시지이기도 했다. 겉으로는 완벽한 어머니 상을 보여 주는 여성이라도 내면에서는 폭풍우가 맹렬하게 불고 있을 수 있다.

참을 수 없는 엄마들

책을 쓰기 시작하면서 나는 친구들과 가족에게 엄마가 되어 간다는 것에 대한 경험에 대해 물었다. 그렇게 해서 얻은 이야기들을 읽으면서 공통점을 발견했다. 외로움, 피로감, 분노에 대한 이야기가 계속해서 나왔다.

> 나는 혼자 아이 셋을 키우는 엄마입니다. 전일제 직장에 다니며 한 살, 세 살, 다섯 살 아이를 잘 기르기 위해 최선을 다하고 있어요. 둘째와 셋째 딸이 요즘 계속 아팠는데 어젯밤 한계에 다다랐어요. 나도 아이들에게 병이 옮은 거죠. 퇴근하고 집에 왔을 때는 너무 지친 상태였어요. 저녁을 차리고 청소를 하고 큰아이 수학 숙제를 봐주는 동안 둘째 딸은 혼자 화장실 일을 보고 있었어요.

그때 일이 터졌어요. 둘째가 무엇을 하나 보러 갔더니 막내에게 변기 사용법을 알려주고 있더라고요. 말했지만 두 아이 모두 아픈 상태였어요. 막내는 변기에 앉아 있었는데 제대로 뒤처리를 하지 못해 화장실 바닥과 벽이 온통 설사투성이었어요.

엎친 데 덮친 격으로 둘째가 청소를 한다고 물비누 한 통을 통째로 쏟아부었더군요. 나는 주저앉아서 울음을 터뜨렸어요. 한참 동안 그렇게 울고 나서 일어나 청소를 했어요. 그러는 동안 저녁밥이 다 타 버려서 너희들이 좋아하는 시리얼을 먹을 거라고 말했죠. 저녁을 먹은 우리는 침대에 모두 모여 서로 꼭 부둥켜안고 영화를 봤어요.

나 혼자뿐이라는 생각이 들었어요. 아이들과 함께 즐기면서 할 수 있는 일마저 그저 허드렛일이 돼 버리기도 합니다. 엄마는 돌아가셨고, 나와 비슷한 상황에 있어 나를 이해해 줄 만한 친구도 없어요. — 제시카

다음은 다른 사람의 사연이다.

첫째 아이를 가졌을 때 임신 기간 내내 아팠습니다. 면역 체계가 엉망이 되어 감기를 달고 살다가 그게 패혈성 인두염으로 옮겨 가더니 그다음에는 기관지염에 걸려 버렸어요. 두 번이나요. 임신했을 때 기관지염에 걸리면 정말 끔찍해요. 평상시처럼 방광 조절을 할 수가 없거든요. 기침을 정말 심하게 하다 보면 욕지기가 났어요. 그

러다 토하기도 하고요. 그래서 결국 기침을 하면 토하고 오줌까지 지리는 일이 모두 한꺼번에 벌어졌어요. 직장에서 일할 때도 가끔 그런 적이 있는데, 그럴 땐 정말 불쾌해요. 바깥에 있을 때도 예외는 아니죠. 한번은 출근하는 길에 차 안에서 토한 일도 있었죠.

심하게 지치기도 했어요. 그때 남편은 출장 중이었거든요. 한 번 가면 나흘 정도 머물다 오는데 그때 나는 혼자 버텨야 했어요. 낮에는 직장에서 일하고 저녁 그리고 주말에도 따로 일을 해서 시간 여유가 없었고 에너지도 모자랐어요.

어떤 누구와도 교류하지 못했고 아무 일도 할 수 없었어요. 퇴근 이후에는 집에 가서 울다가 잠이 들었어요. 정말 슬펐어요. 스스로가 가여웠어요. 많은 친구와 함께했고, 에너지 넘치던 시절의 나로 돌아가고 싶었어요. 힘들었어요. 예상은 했지만 그보다 더 심했어요. 인간 관계에서도 완전히 움츠러든 상태라 아무하고도 연락하지 않았어요. 뭘 어떻게 해야 할지 몰랐죠. 친구들이 전화해서 같이 나가자고 청했지만 계속 거절했고, 그러고 나니 더 이상 전화도 오지 않았어요. 사람들이 나를 생각하지 않거나 아끼지 않는 건 아니지만, 만나지 못하고 전화도 없으니 그저 각자의 삶을 살게 되는구나 싶었죠. — 클레어

또 다른 사연이다.

한 시간 걸려 만든 음식을, 아니 단 5분 만에 만든 것이라 해도 바닥에 쏟는 일은 정말 짜증스럽죠. 그런데 그런 일이 일어나고 또 일어나요! 장난감을

치울 때도 마음속에서는 갈등이 일어나요. 내가 치워 버리면 빠른데 '교육' 차원에서 더디더라도 아이에게 치우도록 시켜야 하는 것 아닌가 하는 생각이 들거든요. 아이가 한 명씩 늘어날 때마다 불어나는 빨래의 양 또한 엄청나고요.

낙서는 또 어떻고요? 그나마 지울 수 있는 펜으로 벽에 낙서를 해 놓으면 운이 좋은 거예요. 유성 마커나 스크류 드라이버로 벽을 파 놓으면 답이 없어요. 가구, 벽, 바닥 할 것 없이 모두 끈적거리고 완전히 망가져 버리는 일도 비일비재하답니다.

이런 식으로 일이 계속 이어져요. 하지만 단순히 일어나는 사건의 빈도수, 피해 정도의 심각성, 사고 처리에 드는 상당한 비용 때문도 그렇지만 그보다 더 짜증스럽고 힘이 드는 건 단조롭기 그지없는 생활 때문인 것도 같아요. 엄마들은 지루하고 똑같은 일을 끝없이 반복해요. 매일, 매주, 매달, 매년. 정말 모욕적이기도 하지만 그보다는 참 외로워요. 사회에서는 아무리 단조로운 일이라도 수고를 하면 금전적 보상을 해 주고, 참여와 완성을 하면 상을 주고, 공부를 해 시험을 보면 점수를 주는데, 엉망이 된 것을 제자리로 돌려놓는 엄마들의 노력은 상커녕 누구도 제대로 알아주지 않아요.

"진심을 알아주지 않는다"라는 말이 그저 불평처럼 들리겠지만 성취감이 하나도 느껴지지 않는다는 것은 생각보다 훨씬 더 심각한 문제가 될 수 있다고 생각해요. — 에이미

외로움, 짜증스러움과 분노를 이야기하는 엄마들의 사연을 읽어 내

려가며 묘하게도 안도감이 느껴졌다.

'휴, 나만 그런 게 아니었구나.'

앵그리맘 클럽

폭풍우 한가운데 서 있는 많은 엄마들은 공통적으로 지원받지 못하고, 인정받지 못하며, 아무도 그들의 말에 귀 기울이지 않고, 사랑해 주지 않는다고 생각한다. 다시 말하면 단절되었다고 느끼는 것이다. 이에 대처하기 위해 우리 엄마들은 종종 슬픔을 분노로 돌린다. 하지만 일반적으로 볼 때 이는 생산적이지 못한 방법이다. 숨 쉴 때마다 치밀어 오르는 분노를 가까운 몇몇 사람들에게 화로 뿜어낼 수는 없다. 나는 그나마 분노를 한곳에 뿜어내지 않고 희석시켜 널리 퍼져 나가게 할 수 있었는데 그러기 위해 먼저 분노를 인정하고 그 이면을 바라보는 일도 필요했다.

사랑받고 지원받으며 누군가 내 말을 들어준다는 느낌에는 인정이 포함되어 있다. 아이들을 보살피기 위해 엄마가 들인 수고와 희생은 가치 있고 소중한 일이라고 인정해 주는 것 말이다. 사회적이고 정치적인 감사가 필요하다. 아무도 엄마들의 노고를 인정하고 고마워하는 메시지를 보내지 않는데 어떻게 엄마들 스스로 가치 있는 존재라고 진지하게 받아들일 수 있단 말인가?

『뉴욕 타임즈』의 경제 기자로 활동하고 퓰리처 상 후보에도 올랐던 앤 크리텐든(Ann Crittenden)은 『모성의 대가(The Price of Motherhood)』에서 어린이를 돌보는 엄마와 돌보미의 역할이 국가가 해야 할 역할의 한 부분을 담당한다고 말한다. 크리텐든은 이 역할이 매우 중요함에도 불구하고 사회 전반적으로 그 가치에 대한 평가가 낮아지고 있다고 지적한다.

> 현대 경제에서 전체 부의 3분의 2가 '인적 자본'으로 알려진 인간의 기술, 창의성 그리고 기업에 의해 창출된다. 즉 자녀를 정성 들여 효과적으로 키우는 부모들은 글자 그대로 "우리 경제에서 주요한 부의 창출자"(경제학자 셜리 버그라프(Shirley Burggraf)의 표현)이다.
> 수많은 경제학자들이 동의하듯 인간의 능력은 경제적 번영의 궁극적 원천이며 그런 능력이 어린 나이에 양육된다고 하면, 반대로 발달이 저해될 수 있다면 엄마와 어린이를 돌보는 이들은 가장 중요한 경제 생산자다. 세상에서 가장 중요한 일을 하는 사람들이다.[06]

여성은 엄마가 됨으로써 사회에 엄청난 기여를 하는데 정작 엄마의 수고와 일을 존경하는 나라는 아주 드물다. 수많은 여성들이 엄마가 되는 것을 시작이기보다 끝이라고 생각한다는 사실이 전혀 놀랍지 않다. 나는 누구나 자신의 도움이 가치 있다고 느끼길 바란다.

『완벽한 광기』의 저자 주디스 워너(Judith Warner)는 엄마들 사이에 퍼져 있는 광기에 대해 이야기하고 있다. 워너는 엄마, 그리고 아빠가 도움을 받지 못한 상태에서 새로운 어려움을 만나면 가족이 붕괴될 수도 있다는 점에 주목했다.

워너는 수백 명의 여성들이 모인 자리에서 엄마로서의 경험을 이야기해 달라고 청했다. 워너가 이야기를 나눈 여성들은 대부분 중산층 가정의 엄마였다. 처음에는 대개 자신의 삶에 대해 감사한다고 말을 하지만 대화가 무르익어 갈수록 엄마들은 공통적으로 일종의 "반감이나 불만이 없어지지 않고 계속"되는 느낌을 받는다고 말했다.[07] 한 여성은 매일 반복되는 가사와 자녀 양육에 대해 "정신병원에 가면 벽에 완충재를 댄 방이 있죠? 정오쯤 되면 그 방에 들어갈 상태가 되어 있어요"[08]라고 고충을 털어놓았다.

워너는 다음과 같이 말했다.

> 수많은 여성들이 정체성의 위기 때문에 고통받는다고 말했다. 그들은 친구와 가족과는 떨어져 지내야 하고, 어머니 세대는 다른 여성 친척이 주는 전통적 체계의 지원을 충분히 누렸지만, 지금은 그렇지 못하는 상태로 고립되어 있다고 느꼈다. …… 그들의 말을 들으니 베티 프리단(Betty Friedan)의 『여성의 신비(The Feminine Mystique)』가 떠올랐다. 자신이 쓸모없는 존재라는 생각, 스멀스멀 피어나는 불만족스러움, 불안감, 사소한 것에 대한 집착, 완벽해야 한다는 압박감 등이 기억났다. 하지만 이 책은 1960년대 여성주의가 도래하기도 전에 쓰여졌다. 여성이 스스로 선택해 자신의 삶을 일구어 나가는 과정에서 완전한 자아실현을 소망하는 프리단의 해법이 외형적으로나마 실현된 시기는 내 세대에 와서였다. 하지만 주변을 둘러보니 우리가 실현한 자족감은 진짜 해결책이 아니었다.[09]

워너의 말처럼 갓 엄마가 되어 아기와 함께 집에 있는 여성들, 전업 주부로 아이를 키우면서 답답함과 분노를 느끼는 엄마들만의 이야기가 아닌 것이다. 『집 안의 마녀(The Bitch in the House)』의 저자 캐시 하나우어(Cathi Hanauer)는 어떻게 책을 쓰게 되었는지를 다음과 같이 밝힌 바 있다.

> 건강한 두 아이, 멋진 집, 거기다 흥미로운 직업까지 가진 내가 대체 무엇 때문에 화가 날까 싶었다. 그런데도 화가 났다.
>
> 그래서 매일 밤 아이들이 잠들고 나면 빨래를 개지 않고, 못 받은 전화에 대해 회신도 하지 않고, 서명해야 할 각종 아이들 학교 서류도 한쪽으로 치우고, 처리해야 할 일도 접어 둔 채 온라인에 접속해 불만을 토로하는 분노의 이메일을 친구들에게 날리며 상황을 제대로 이해하려고 노력했다. 그리고 무엇인가를 깨닫기 시작했다. 엄마들 중 많은 사람이 분노하고, 죄책감을 느끼며 스트레스로 지쳐 있다는 것을.[10]

불행하며 분노를 느낀다고 답한 그녀의 많은 친구들은 이렇게 말한다.

"나는 직장에서는 괜찮은데 집에만 가면 공포 그 자체가 돼 버려."

"우리 집에 마녀가 사는데 바로 나야"[11]

나도 이렇게 분통을 터뜨리는 엄마들 중 하나가 될 수 있었다. 그렇게 생각하니 저자 하나우어가 이야기하는 감정도 이해가 됐다. '집에 있는 마녀', 내 기분이 정확히 그랬다. 버지니아 울프가 '집 안의 천사'라고 말한 것과는 반대로 말이다. 물론 분노하는 천사이긴 하다. 이렇게 분노를 분출한다는 사실, 여성들에게 분노가 역병처럼 돌고 있다는 것이 흥미로웠다.[12]

"여성들에게 분노가 역병처럼 돈다"는 말은 나를 포함한 여러 엄마들에게서 확인할 수 있었다. 인정한다. 화난 엄마들로 북적이는 '앵그리맘 클럽'은 결코 재미있는 곳이 아니다. 누가 이런 클럽의 평생회원이 되고 싶겠는가? 하지만 나는 혼자가 아니고 주변에 같은 입장의 사람이 있다고 느끼는 순간, 변화는 전보다 쉽게 이루어질 수 있다.

현재 앵그리맘 클럽 회원 모두에게 나도 지금 그들과 같은 입장이라는 사실을 알리고 싶다. 힘든 시간을 보내던 중 나는 남편에게 기초 군사 훈련을 받을 때의 일을 이야기한 적이 있다. 훈련 때 교관들은 소리를 많이 지른다. 자주 크게 소리를 지르기 위해 교관들이 쓰는 요령이 있다. 구령이나 소리를 지를 때 줄임 말을 쓰는 것이다. 예를 들어, "래프트 턴"(좌향좌)을 "에프, (트)언"이라고 소리치면서 자음을 몇 개 발음하지 않는 것이다. 그렇게 하면 노력은 적게 들이면서 소리는 크게 낼 수 있다. 이렇게 우렁찬 명령은 마치 곰이 으르렁거리는 소리를 낼 때처럼 소리가 배 속 깊은 곳에서 나오면서 위협적으로도 들리게 된다.

나는 남편에게 아이들을 훈육할 때 이 요령을 써 보는 게 어떻겠느냐고 제안했다.

"5초 안에 신발을 신는다!" 또는 "버터를 옆으로 넘겨준다!" 같은 말을 전하고 싶을 때 이 요령을 쓰면 성대를 사용하기 한결 쉽지 않을까?

물론 농담이었다.

당신이 지금 화가 난다면, 혼자만 그런 게 아니다. 하지만 엄마로서의 분노를 무시하려 들면 머지않아 잘못한 것도 없이 식료품 더미 옆에 서 있는 마트 직원을 노려보면서 '어쩌다 내가 이 지경에 이르렀지?' 하고 스스로에게 되묻는 모습을 발견할 수도 있다.

죄책감 여행

한번은 육아용품을 파는 가게에 간 적이 있다. 아기를 업거나 안을 때 사용하는 캐리어, 젖니 통증 완화용 목걸이, 모유 수유용 브래지어, 걸쳐 입는 겉옷, 면 기저귀 등이 즐비했다. 계산원에게 면 기저귀에 대해 그녀도 사용하는지 등을 물어봤다. 그 계산원은 면 기저귀에 대해 극찬을 했다. 자기 아이들도 썼는데 최고였다고 밀이다. 친환경 제품이라 알레르기나 기저귀 발진을 일으키는 유해 화학 물질이 없고, 자녀가 한 명 이상이면 물려 쓸 수도 있으니 장기적으로 보면 비용 면에서도 일반 기저귀보다 더 싸다고 말했다.

그렇게 적극적으로 면 기저귀 예찬을 펼치던 그녀가 갑자기 목소리를 낮추더니 밤에는 아기 침대를 버리지 않으려고 면 기저귀 대신 일회용 기저귀를 채운다고 고백했다. 그 자리에 그녀의 상사가 있는 것도 아니고 그저 엄마들만 있었을 뿐이다. 그런데 왜 그렇게 행동했을까? 밤에 아기에게 일회용 기저귀를 채운 일을 말하는 게 그렇게도 힘든 일일까? 엄마들은 아주 작은 일에도 죄책감을 연결시킨다는 것이 분명해지는 순간이었다.

수많은 엄마들이 시도 때도 없이 밀려오는 외로움과 단절감을 짊어진 채, 흔해 빠진 죄책감 여행을 하기 위해 짐을 꾸리는 데 엄청난 시간을 보내는 것처럼 보인다. 엄마들과 이야기를 나눠 보면 그들이 대체로 죄책감을 느낀다는 것을 알 수 있다. 일하는 엄마들에게 전업주부라고 말하면, 그들은 물어보지도 않은 사항에 대해 자세히 설명을 한다. 왜 집에서 아이들과 함께 있을 수 없는지, 왜 그래서는 안 되는지, 아이가 어린이 집에서 하루 종일 얼마나 잘 지내는지 등을 말이다. 설명해 달라고 청하지 않았는데도 그렇다. 하지만 어떤 이유에서건 지극히 개인적이고 종종 매우 힘든 선택을 한 것에 대해 설명을 해야 할 필요가 있다. 전업주부들과 이야기를 하면 그들 역시 죄책감을 가지고 이야기한다. 가정의 수입에 직접적으로 기여하지 못하는 점, 가지고 있는 지적 능력을 발휘하지 않는 점, 전업주부로 있는 것을 좋아하지 않거나 집을 깨끗하게 유지하지 못하는 점이나 아이들에게 너무 많이 소리를 지르는 점에서 죄책감을 느낀다고 말한다.

엄마들이 느끼는 죄책감에 대해 블로그 '실제 목사(The Actual Pastor)'의 운영자인 스티브 윈즈(Steve Wiens)는 다음과 같은 글을 썼다.

> 다음 사항을 크게 소리 내서 말하는 이가 될 수 있게 하소서.
>
> 내 아이에게 다른 집 아이들처럼 건강한 음식을 먹이는 방법을 모른다고 해서 당신이 끔찍한 부모는 아닙니다.
>
> 아이에게 가끔 소리를 지른다고 해서 당신이 끔찍한 부모는 아닙니다.

당신 집에는 꼬마 독재자들이 살고 있습니다.

누군가가 당신이 끔찍한 부모라고 말하면, 그 사람은 감옥에 투옥될 겁니다.

기상천외한 방법으로 아이들이 집 안을 쑥대밭으로 만들 때 차분히 아이들에게 알맞은 벌을 주는 방법을 모른다고 해서 당신이 끔찍한 부모는 아닙니다.

차라리 직장에 있었으면 좋겠다는 마음이 든다고 해서 당신이 끔찍한 부모는 아닙니다.

아이들이 잠자리에 들기만을 목이 빠지게 기다린다고 해서 당신이 끔찍한 부모는 아닙니다.

아이들 목소리를 들으면 때로는 미친 듯이 술을 퍼마시고 싶은 충동이 든다고 해서 당신이 끔찍한 부모는 아닙니다.

당신은 절대 끔찍한 부모가 아닙니다.[13]

끔찍한 부모가 아니라는 말을 반복해서 들으면 기분은 좋을 수 있다. 하지만 가끔 엄마 노릇이라는 조건은 어쩔 수 없이 실패할 수밖에 없는 것이 아닐까라는 생각이 들 때가 있다. 내가 존경하는 어떤 남성은 단한 번도 어머니가 목소리를 높이는 것을 들어 본 적이 없다고 말했다. 혹시 그 어머니는 말을 못했던 게 아닐까? 그런데 그분은 거의 80년 전 농장에서 태어나 집 바깥을 자유롭게 돌아다니며 자랐다고 한다. 내 부모님도 그분과 비슷하게 어린 시절에는 자유롭게 낮 시간을 보내고 엄마 아빠는 저녁 식사 시간에 만나는 식이었다. 도시에서 자란 시부모님도 마찬가지다.

하지만 그건 꽤 오래전 이야기다.

시간은 흘렀고 육아 방식도 급격히 변했다. 지난해 텍사스에 사는 한 엄마가 10대 초반의 자녀들이 골목에서 스쿠터를 타게 됐는데, 아이들을 방치했다는 이웃의 신고로 결국 기소되었다. 우리는 아이들을 그저 자유롭게 내버려 둘 수 없다. '항상' 붙어 있어야 한다. 하지만 아이들과 내내 붙어 있는 것을 곧 터질 시한폭탄과 함께 있는 것처럼 생각하는 엄마가 많은 것 같다. 하지만 엄마들이 언제나 그렇게 생각했던 것은 아니다.

> 제2차 세계 대전이 일어나기 전에는 가족이 대개는 하루 종일 같이 있었다. 엄마는 아이들을 데리고 있으면서도 할 일을 했다. 엄마들이 밭일을 하는 동안 아이들은 레고를 가지고 노는 게 아니라 엄마 근처에서 놀았다. 엄마는 눈에 보이고 소리가 들리는 곳에 아이를 두고 할머니와 숙모, 이모와 함께 음식을 만드는 등의 일을 했다. 커다란 집에 엄마와 아이만 덩그러니 있는 것은 사람들이 동굴에 살던 먼 옛날부터 시작된 인간의 타고난 천성에 위배된다.[14]

거의 모든 일에 죄책감을 느끼는 엄마들은 점점 지쳐 갈 수밖에 없다. 지금 당장 모든 일에 두 손 들어 버리고 '죄책감은 이제 그만!'이라고 선언해 보자. 그것만으로도 건강한 변화가 시작될 것이다.

한편, 나는 엄마들이 느끼는 집단적 죄책감이 단순히 우리에게 다른 방향을 가리키는 신호가 아닐지도 모른다는 생각을 하기도 한다. 친구 중 한 명은 '죄책감을 해석한다'고 표현한다. 그녀에 따르면 죄책감은 일종의 '바람잡이 역할을 하는 감정'이다. 이때의 죄책감은 불량 젖니 통증 완화 젤을 쓰고 나서 느끼는 죄책감이 아니다. 많은 엄마들이 내면 깊은 곳에서 엄마 노릇을 더 잘할 수 있는데 그렇지 못하는 건 아닌가 하고 의구심을 가질 때의 감정을 말한다.

전에 허리 근육이 뭉치고 신경이 조여드는 증상을 경험한 적이 있다. 한 달 정도 그랬는데 끔찍하긴 했지만 통증도 유용할 수 있음을 알게 된 계기였다. 통증은 문제가 있음을 알려 주니 말이다. 통증은 "이봐, 그만 움직여. 상황을 더 악화시키고 있잖아"라거나 "서두르지 말고 천천히. 단순하게 생각하고, 조심해. 그래야 몸이 치유가 된다고" 또는 "열쇠가 없어서 집에 못 들어간다고? 그럼 괜히 헛간 지붕으로 올라가거나 욕실 창문 사이를 기어 다니며 애쓰지 말고 이웃에게 도와 달라 전화해"라고 말한다. 통증은 몸이 내는 목소리다.

죄책감은 통증과 비슷하다. 죄책감이 진정한 즐거움, 건강과 조화의 길에서 멀어져 갈 때 길을 밝히는 등불 역할이라고 한다면, 엄마들이 죄책감을 느낀다는 것은 진로를 약간 수정해야 하는 신호를 뜻한다. 죄책감과 분노는 중요한 적신호다. 많은 엄마들이 뒤죽박죽이고, 무엇인가가 부족하고, 잘못되었다고 느끼고 있다.

어쩌면 우리에게는 서로가 부족한 건 아닐까?

아무런 도움도
받지 못한다는
느낌

어느 날 남편과 함께 침구를 교체하고 있었다. 중간에 전화가 와서 조던 혼자 이불 커버 씌우는 일을 끝내야 했다. 조던은 나중에 이렇게 말했다.

"휴, 이불 커버 씌우는 일이 생각보다 꽤 까다롭더군."

그날 밤 잠자리에서 이불을 끌어 덮기 전까지는 남편의 말을 깊이 생각하지 않았다. 그런데 이불이 뭔가 어색했다. 이불의 윗쪽이 커버 속에서 약간 접혀 있는 상태였다.

'덮다 보면 나중에 퍼지겠지'라고 생각했는데 그렇게 되지 않았다. 며칠 뒤 유난히 피곤하고 짜증이 나는 날 '이제 그만! 더는 못 참아'라는 생각에 이불 커버를 손보기로 했다. 평평하게 퍼기 위해 이불을 가장자리 쪽으로 계속해서 당겼다. 그러다 애초에 잘못된 점이 있다는 것을 알게 됐다. 우리 침대는 킹사이즈라서 길이와 너비를 구분하기가 쉽지 않은데, 남편이 이불커버의 가로와 세로를 잘못 끼워 넣은 것이었다. 이 일을 계기로 엄마들 모두가 따로 떨어져 있다고 생각하는 것이 애초에 잘못된 생각이 아닐까 싶었다. 엄마 노릇은 각자가 알아서 해야 하는 개인의 일이라고 보는 접근 방식을 바꾸지 않는 한은 가로와 세로가 잘못 끼워진 이불처럼 딱 맞지 않는 부분이 늘 있을 것이다.

이불 커버가 맞지 않은 이유를 알아내는 것은 비교적 쉬웠다. 하지만 '엄마 노릇이라는 이름의 커버를 씌우는 작업'이 잘 되지 않는 이유를 알아내기는 훨씬 복잡하다. 그런데 복잡함과는 별개로 가족과 공동체 연대가 약해져서 엄마 노릇이 어려워지곤 하는데, 이런 현상은 일반적으로 잘사는 나라에서 더 많이 일어난다. 개인, 공동체 그리고 국가의 부는 사람들을 고립시킬 잠재성을 가지고 있다.

엄마가 행복하지 않으면 그 누구도 행복하지 않다

가족 안정성에 관한 통계는 대가족과 공동체 지원이 부족한 사회에서 가족들이 어려움을 겪고 있다는 사실을 뒷받침한다. 힘들어하는 어린이와 청소년 들이 너무 많고, 순탄치 못한 결혼 생활로 괴로워하는 어른들도 헤아릴 수 없이 많다. 대가족과 공동체의 지원이 사라지자 핵가족도 무너져 내리기 시작한다는 사실이 놀라운가? 충분히 그럴 수 있다. 자녀 양육과 책임이라는 부담은 이미 고된 부모 역할과 결혼의 어려움을 더욱 무겁게 만들고 있다. 아이들을 키우는 데 공동체가 기여할 수 있는 부분까지 엄마와 아빠가 모두 젊어지기를 바라는 것은 불합리하다.

사회 동향 연구소(Social Trends Institute)가 「지속 가능한 인구 배당」이라는 이름의 국제 보고서를 내놓았는데 그 내용을 살펴보면 다음과 같다.

> 일반 상식을 포함해 풍부한 사회 과학 자료와 문헌은 아이들이 안정적인 가정에서 성장할 때 생산적인 성인이 될 가능성이 높다는 주장을 뒷받침한다. …… 그러나 이런 형태의 가정이 전 지구적으로 볼 때에는 줄어드는 추세이므로 인류 사상 가장 오래된 제도이자 가족, 생산과 양육 그리고 인적 자본의 뿌리인 가정의 지속 가능성에 의문이 제기되고 있다. 단순히 줄어들고 있는 어린이의 숫자뿐 아니라 그들의 삶의 질도 문제가 되고 있다.[01]

힐러리 클린턴은 자신의 저서 『집 밖에서 더 잘 크는 아이들(It Takes a Village)』을 통해 코넬 대학교의 심리학자 유리 브론펜브레너(Urie Bronfenbrenner)가 미국의 가정 실태에 대해 언급한 사실을 쟁점화한다.

> 브론펜브레너는 '빈곤한' 아동들에게나 일어날 거라 생각했던 문제가 실은 오래전에 우리에게 대두되었음을 수년째 예견해 왔다. 그는 다른 전문가들처럼 동시대 미국 사회의 여러 가지 측면, 눈이 핑핑 돌아갈 정도로 빠른 변화, 경제와 결혼의 불안정한 사정 등을 고려할 때 침묵의 위기에 직면했다는 결론을 내렸다. 그는 "현재 미국의 어린이와 가정은 건국 이래 가장 심각한 가정 문제로 고통받고 있

다. 뿌리가 차츰 무너져 내리고 있다"[02]고 말한다.

뿌리가 무너질 뿐만 아니라 영향도 광범위하다. 가정 문제로 인해 일어났던 사건을 살펴보자. 1996년 조지아 주의 부유한 교외 지역에서 매독이 퍼져서 10대 청소년 200명 이상이 감염된 일이 있었다. 감염된 청소년들의 상당수가 16세 이하였다. 아이들은 파티를 하면서 약물을 흡입하고 그룹으로 성행위를 했다. 모든 변수를 이해할 수는 없지만 어른들이 개입하지 않은 것이 이 사건이 일어난 큰 계기임에는 틀림없다. 부모가 일을 끝내고 귀가할 때까지 학교에서 돌아온 10대 자녀들은 집에서 내내 혼자 지내며 따로 할 일을 찾지 못하다가 약물이나 포르노를 접하고는 급기야 각종 성행위 실험까지 하게 된 것이다.[03]

10대 매독 사건에 대해 마이클 레스닉(Michael D. Resnick) 박사는 이렇게 말했다.

"이 사건에는 많은 것이 부재했다는 것을 알 수 있습니다. 집이 빈 상태였고, 부모나 어른의 감독이 없었어요. 또한 많은 청소년들은 근본적으로 목적의 부재를 느꼈습니다. 자신이 필요한 존재가 아니라고 느꼈고, 의미 있는 일을 찾지 못한 상태에서 어른과 소통하지 못했고, 거칠고 무모하게 오로지 쾌락만을 추구하게 되었던 거죠."[04]

엄마들이 견고한 사회적 연결망을 구축하면, 특히 다른 가족들과 연대를 맺으면 엄마뿐만 아니라 가족 전체가 혜택을 입게 된다. 내가 행복하고 현재 이 순간에 머무를 수만 있다면 그것은 남편뿐 아니라 아이들에게도 영향을 미친다. 이인삼각 경주처럼 우리들은 하나로 묶여 있기 때문에 한 명이 넘어지면 다른 사람들 역시 제대로 서 있기 힘들다. 하지만 호흡을 잘 맞출 수만 있다면 서로에게 좋은 영향을 미치며 결승점까지 갈 수 있는 것이다.

멋진 인생을 찾아서

마을을 만드는 일에 매진하며 내가 모집한 사람들이 아이들에게도 얼마나 많은 도움이 되는지 알게 됐다. 『당신의 아이를 잘 잡으세요(Hold On To Your Kids)』라는 책은 부모가 어린이 그리고 청소년과 연결되어 있는 것이 얼마나 중요한지를 보여 준다. 또한 엄마와 아빠가 자녀를 위한 애착 공동체를 만드는 것이 왜 중요한지 설득력 있게 설명하고 있다. 아이들에게는 다정하고 믿을 수 있는 어른으로 구성된 풍성한 지원망이 필요하다. 이와 반대되는 현상은 아이들이 친구를 관계의 중심에 두는 것인데, 이 책의 저자는 아이들이 부모에게서 떨어져 친구에게 가족 비슷한 애착을 느낄 경우 벌어지는 암울한 사태도 지적한다.

아이들이 어려움을 겪거나 힘든 상황에 부딪칠 때 그들을 지원해 주는 마을이 있으면, 부정적인 영향을 아예 없애지는 못해도 줄일 수는 있다. 할머니나 이모, 고모와 같이 신뢰할 수 있는 어른들이 아이들에게 쏟는 사랑과 헌신 어린 시간은 아이들의 삶, 정신 건강, 행복에 엄청난 영향을 미친다. 이런 관계는 대개 서로 혜택을 보는 행복한 결말을 맺는다. 우리 모두 우리의 마을을 되찾아야 한다.

확대 가족이 부모 역할을 지원할 수 있다는 잠재력은 실로 어마어마하다. 『뉴욕 타임즈』에 「우리를 하나로 묶어 주는 이야기」라는 제목의 기사를 쓴 브루스 페일러(Bruce Feiler)는 "자신감이 강한 아이들은 자기 자신이 보다 더 큰 무엇인가에 속해 있다는 것을 느끼며 산다"[05]고 말했다. 페일러에 의하면 이런 의식을 갖는 데 좋은 방법은 가족의 이야기를 아이들과 나누는 것이다.[06] 직관적으로 나도 이 말에 동의한다. 나도 늘 가족 이야기를 듣는 것이 좋았다. 아무리 지루한 이야기라도 나의 뿌리가 된 사람들에 대한 정보는 들을 때마다 흥미로웠다.

페일러의 기사를 읽은 날 저녁, 식사를 하며 아이들에게 가족 이야기를 해 주기로 결심했다. 우리 아이들은 에너지가 넘쳐서 식사 시간 동안 한자리에 앉아 있지를 못하는데 남편과 내가 우리 이야기를 들려주니 눈을 동그랗게 뜨고 의자에 엉덩이를 딱 붙인 채 열심히 들었다. 사실 우리가 해 주는 게 특별한 이야기는 아니었다. 황량한 서부의 카우보이가 나오는 것도 아니고, 아프리카에서 사자의 습격을 받았지만 살아남았다는 식의 모험담도 아니었다. 남편은 비자 문제 때문에 러시아 감옥에 아주 잠깐 갇혔던 일이 있기는 하지만 말이다. 남편의 러시아 감옥 사건을 제외하고 아이들에게 들려준 이야기는 문제가 생겼을 때 용기, 믿음, 인내심 등을 발휘해 그 문제를 잘 해결했다는 식이 주를 이뤘다.

조던이 어릴 때 어머니와 차를 몰고 가다가 길을 잃었던 일을 들려주자 둘째 아들은 눈을 크게 뜨고는 이야기에 쏙 빠져들었다.

"그래서, 그다음엔 어떻게 됐는데요!?"

아이에게는 결말이 무척 중요했다. 실은 아주 싱거운 결말이었다. 남편과 어머니는 차를 한쪽에 세우고 도와줄 사람이 나타나기를 기도했고, 다시 차에 시동을 걸고 운전을 했는데 곧바로 어디에 있는지 알게 되어 목적지를 잘 찾아갔다고 했다.

어른이 먼저 이야기를 해 주자 아이들도 자신의 이야기를 하고 싶어 했다. 당시 네 살인 둘째 엘리엇은 높은 미끄럼틀 위에 있으면 무서울 때가 있지만, 스스로에게 "겁내지 마, 엘리엇. 용감해지는 거야"라고 속삭이고 미끄럼틀을 타고 내려온다고 말했다. 엘리엇의 용기가 우리 모두의 마음에 남았다.

우리 가족 모두 그날 저녁 식사를 마음껏 즐겼다. 남편과 내가 전에 그렇게 오랫동안 아이들의 주목을 끈 적이 있었나 싶을 정도였다. 아이들이 우리 이야기에 깊은 관심을 가졌다는 사실에 흥분했고, 친구에게 그 이야기를 했다. 그러자 친구는 자기 경험을 이야기했다. 그녀는 남편과 함께 아이들에게 아빠가 주차장에서 차에 치였던 사건을 이야기해 줬다. 아빠가 차에 치였었다니! 아이들은 이야기에 흠뻑 빠져들었다.

"그러니까 주차장에서는 절대로 급하게 뛰거나 장난치면 안 되는 거야. 그러면 아빠처럼 차에 치일 수 있어."

아이들은 충분히 설득됐다. 아이들은 다시 또래 친구들에게 가족 이야기를 들려주었다. 아이들이 가족의 경험을 통해 주차장에서 어떤 일이 일어날 수 있는지를 알게 되었기 때문에 주차장에서 안전하게 행동해야 함을 믿는다.

이처럼 가족의 역사는 아이들에게 삶의 교훈을 가르쳐 주고 가족 구성원을 연결시킬 뿐 아니라 아이들이 스트레스를 잘 다루도록 돕는 역할도 한다. 에머리 대학의 심리학자 마셜 듀크(Marshall Duke)가 지휘한 연구팀의 연구 결과가 이를 뒷받침한다. 가족의 내력과 역사를 아는 아이들은 가족의 이야기를 모르는 아이들보다 회복력이 빠르고 스트레스를 더 잘 다룬다고 한다. 내 조상이 겪은 역경과 승리의 이야기는 아이들에게 커다란 가족에 소속되었다는 느낌을 만들어 준다. 듀크의 연구 논문에 의하면 "가족에 대해 많이 아는 사람은 도전에 부딪혔을 때 더 잘 대처하는 경향이 있다".

직계 가족과 가까운 친척들은 아이들의 정체성은 물론 어떤 상황에서 하는 선택에 지대한 영향을 미친다. 그래서 가족은 중요하다.

막내딸이 한 살이었을 때 나는 이 점을 확실하게 깨달았다. 외롭게 홀로 의사를 찾은 뒤 나는 점차 이전의 모습으로 돌아가고 있었다. 그해 여름은 가족과의 캠핑으로 시작되었다. 부모님, 이모, 두 언니, 사촌 세 명과 우리 가족이 함께 캠핑을 갔다. 그 시간은 정말 좋았다. 우리는 작지만 아늑한 곳에 함께 모여 있었다. 아이들이 여기저기 찾아다니며 노는 동안 어른들은 함께 일하고 이야기를 나누며 시간을 보냈다. 아늑하고 편안한 캠프파이어를 보며 기타 연주와 이야기가 흐르는 평화로운 저녁을 보냈다. 몸은 피곤했지만 만족스럽고 행복했다.

그렇게 모일 수 있는 것이 행운이었다. 우리 가족은 같은 캐나다뿐만 아니라 영국에서, 내 사촌과 그녀의 가족은 오스트레일리아에서, 또 다른 사촌은 미국에서 캐나다로 들어왔다. 그동안 사촌들과 지속적으로 연락을 하지 못했지만 다시 만나니 아이들에게 또 다른 나의 가족들을 소개할 수 있어서 좋았다. 가족이기 때문에 사촌들이 금방 내 아이들과 가까워졌으며 나도 조카들에게 똑같은 느낌을 가질 수 있다는 게 행복했다.

캠핑이 끝난 뒤 우리는 조카의 세례를 축하하기 위해 또다시 모였다. 나는 다시 한 번 가족이 함께하는 동지애를 만끽하며 『당신의 아이를 잘 잡으세요』의 저자가 말한 것, 즉 아이들이 우리를 통해 어떤 식으로 애착 공동체를 갖게 되는지를 되새겼다. 부모로서 우리는 자녀에게 애착 공동체를 만들어 준다. 아이가 가족의 일원에게 애착을 느낄 기회를 만드는 것은 매우 만족스러운 일이다. 수많은 가족과 친척이 자신을 지원하는 모습을 보면서 조카는 분명 자신이 사랑받고 있음을 느꼈을 것이다.

세례식이 끝난 뒤 우리는 밴쿠버로 여행을 떠났다. 밴쿠버에서 로라 고모와 론 고모부 댁에 머물렀다. 나는 아버지 쪽 가계의 기질을 쏙 빼닮았다. 그런데 아버지 쪽 친척은 여기저기 흩어져 살기 때문에 방문하기가 쉽지 않았다.

고모의 집에 도착했을 때 고모는 나를 포옹으로 맞이해 주었다. 고모의 눈을 바라보니 아버지와 내 모습이 보였다. 고모는 강하고 카리스마 넘치는 여성으로 정치 활동에도 적극적인지라 빅토리아 주의 시 의원으로 일했고, 1년 동안 시장직을 역임하기도 했다. 나도 정치에 관심이 많아서 대학에서 정치학을 전공했다. 고모를 보면 내 뿌리가 보인다. 내가 속한 곳을 안다는 것은 아주 평온한 느낌을 준다. 고모는 차분하고 인내심 많고 내성적인 남자와 결혼했다. 고모의 열정적이고 강렬한 성품과 멋진 균형을 이룬다. 나도 역시 차분하고 인내심 많고 조용한 조던과 결혼했다. 나와 반대인 성격 덕분에 우리 부부는 아름답게 균형을 유지하고 있다.

누군가와 유전자를 공유할 때 그들의 삶과 이야기가 특히 중요한데,

그 이유는 가족의 역사는 종종 반복되기 때문이다. 내 고모들은 모두 건강하고, 유머 감각이 있고, 회복력이 강한 여성들이다. 나는 고모들의 삶과 그들이 이룬 승리를 보고 용기를 얻는다. 그들이 겪은 역경과 고난에서 교훈을 얻는다. 고모들의 존재는 심오한 방식으로 내 삶을 풍성하게 만들어 주었다.

벤쿠버에서 또 다른 친척의 결혼식에 참석했다. 가족이 다시 모이는 순간이었다. 특히 거동이 불편해진 할아버지가 지팡이를 짚고 결혼식에 참석하신 모습을 보니 감동이었다. 할아버지는 힘겹지만 지팡이에 의지한 채 손녀의 결혼을 축하하기 위해 그 자리에 오신 것이다. 후손들을 위해 불편함을 무릅쓰는 할아버지의 노력에 나는 감동했다.

결혼식이 끝난 뒤 남편의 사촌들, 형제, 그 자녀들과 함께 또다시 캠핑을 갔다. 아이들은 호숫가에서 함께 어울리고 바닷가에서 튜브를 타고 놀았다. 다시 한 번 나는 아이들이 커다란 가족의 일원임을 느낄 기회를 가졌다는 사실에 매우 행복했다.

여름 여행이 끝나고 집에 돌아왔을 때 몸은 피곤했지만 가족들에게 고마운 마음이 들었다. 집으로 돌아온 며칠 뒤에 엄마에게서 전화가 왔다. 외할머니가 돌아가셨다고 했다. 나는 큰아들 윌과 언니, 언니의 막내아들과 함께 서스캐처원(Saskatchewan)으로 차를 몰았다.

꼬박 아홉 시간을 운전해 내가 자랐던 고장으로 갔다. 서스캐처원에는 거의 완전히 평지인 곳이 있다. 집 앞 현관에 앉아 있으면 사흘 내내 개가 어디론가 달려가는 모습을 볼 수 있다는 농담을 할 정도로 평지가 끝없이 이어진다. 그래서 아주 지루한 풍경이라고 생각하는데, 다시 보니 단순함 속에서 우아한 기운이 느껴졌다. 황금빛 밀밭 근처에 차를 세우고 잠시 쉬는데 아이가 시끄럽게 울어 대는 베짱이에 대해 물었다. 윌이 우리가 달려온 황량한 자갈길 도랑에서 베짱이를 쫓는 동안 나는 카메라를 꺼내 사진을 몇 장 찍었다. 풍경을 카메라에 담다 보니 그곳 하늘이 그렇게도 넓었나 싶어서 새삼 놀랐다. 가족으로 둘러싸인 작은 마을에서 보낸 어린 시절의 소박한 땅과 드넓은 푸른 하늘로 다시 돌아온 순간이었다.

장례식장에 도착했을 때 고모 세 분을 보고 놀랐다. 고모들에게 외할머니를 아느냐고 묻자 당연히 알고 있다고 대답했다. 공동체란 그런 것이다. 사람들 모두 서로 안다. 나는 한 번도 만난 적이 없는 엄마가 엄마의 사촌들 그리고 친한 친구들과 다시 연결되는 모습을 지켜봤다. 익숙한 듯 그들과 이야기를 나누는 엄마를 보니 나도 그들과 아는 사이처럼 느껴졌다.

외할머니는 무스조에서 수십 년 동안 살았고, 읍내에서 가까운 스프링밸리(Spring Valley)에서 자녀들을 키웠다. 할머니는 평범한 사람이었다. 살아온 땅처럼 소박하고 가식 없는 분이었는데 주변 사람들에게 많은 영향을 미친 탓에 장례식이 열린 성당에는 가족과 마을 사람들로 가득 찼다.

그 여름을 생각하니 지미 스튜어트(Jimmy Stewart) 주연의 영화 〈멋진 인생(It's A Wonderful Life)〉이 떠올랐다. 이 영화는 고향을 떠나 세상을 여행하기 바라는 조지 베일리라는 남자의 이야기다. 조지는 모험을 간절히 원한다. 하지만 고향을 떠날 기회가 와도 잡지 못하고는 결국 가족을 택한다. 조지는 포터 씨가 마을 전체를 독점하는 것을 막기 위해 아버지의 사업을 이어받는다. 조지는 자신이 꿈꿔 온 삶과는 전혀 다른 삶에 묶여 있는 자신을 발견하지만 그는 끝까지 남아서 명예롭게 가족과 마을을 위해 헌신한다. 사업이 위기에 몰려 경제적으로 곤궁해지고 가족에게 어려움이 닥치자 조지는 차라리 태어나지 않았다면 더 낫지 않았을까 하고 자괴감에 빠진다. 그때 천사가 나타나 조지가 사랑하는 사람들에게 얼마나 큰 영향을 미쳤으며, 그가 겸손하고 소박하면서 선한 인생을 살았기 때문에 세상이 좀 더 나은 곳으로 바뀌었음을 보여 준다.[07]

조지는 사랑하는 가족이 있는 집으로 달려가 다가올 고난과 도전을 맞이할 각오를 한다. 그리고 어려울 때 조지의 도움을 받은 마을 사람들이 돈을 모아 조지의 어려움을 돕는다. 그들은 조지와 한두 해 알고 지낸 게 아니라 평생을 함께 성장하고 같이 자녀를 키운 사람들이었다. 그들은 뿌리 깊은 친척이자, 조지를 사랑하는 '조지의 사람'들이었다. 조지 베일리는 풍성한 정서적 수익을 얻었다. 그의 희생이 기쁨과 평화를 가져온 것이다.

내가 가족에 관해 너무 장밋빛 이상만을 이야기한다는 것을 안다. 내 가족은 완벽할 뿐만 아니라, 절대 싸우지 않고, 가족 구성원 모두 이기적이지 않고 숭고한 영혼을 가진 사람들이라는 이야기는 아니다. 우리는 때때로 언쟁도 하고 나쁜 감정을 품기도 한다. 늘 서로를 이해하는 것도 아니다. 그렇다고 해도 우리는 손을 맞잡고 함께 가족의 혜택을 누린다. 가족은 완벽하지 않다. 종종 엉망이 되며 복잡해진다. 하지만 나는 그래도 가족끼리 소통하고 연결되어 있으면 나쁜 점보다 좋은 점이 더 많다고 믿는다. 대부분의 가족이 그러하듯 당신의 가족이나 친척들에게 별스럽게 야단법석을 떠는 면이 있을 수 있다. 그렇다고 해도 당신의 자녀들은 그 모습을 보며 친척들의 개성이 어디에서 비롯되었는지를 알수 있을 것이다. 가족의 일원이나 친척이 별스러운 점을 극복하고 나아지는 것을 아이들이 직접 보는 것보다 더 좋은 공부도 없으니까 말이다. 아무리 엉망인 집안이라고 해도 가족을 아는 것은 힘이 된다.

분명 조지 베일리의 삶은 많은 사람들에게 낯설어 보일 수 있다. 사람들은 일자리나 교육을 받기 위해 시골을 떠나고, 떠났던 사람 중 많은 이들이 다시 돌아오지 않으니 말이다. 직업을 얻기 위해 태어나 자란 곳을 떠나는 경우는 비일비재하다. 다른 나라에 가서 살아야 하는 경우도 있다. 바로 이런 현실 때문에 많은 이들이 외로움에 고통받는 것이 아닐까? 전에는 가족과 친척들의 도움과 보살핌을 받을 수 있었는데 이제는 그런 도움을 받지 못하게 된 상황이 많아졌다. 하지만 정부는 그에 걸맞은 지원을 하지 못하는 것이 현실이 아닌가 말이다.

가진 것이 적을 때가 더 나은 법

하루는 아들을 데리러 부지런히 버스 정거장으로 갔다. 서둘러 갔는데 늦어서 줄 끝에서 아이를 기다려야 했다. 내 앞에 한 여자가 서 있었다. "안녕하세요" 하고 인사하자 답을 하는데 억양이 독특했다. 어디에서 왔느냐고 묻자 필리핀에서 왔다고 대답했다.

대만, 홍콩 그리고 캐나다에 살면서 필리핀 여성들을 만난 적이 있는데 대부분 다정했다. 필리핀 사람들은 공통적으로 재미있고 너그러우며 겸손하기 때문에 어울리면 항상 즐거웠다. 그런데 상당히 많은 필리핀 여성들은 자기 아이는 외할머니에게 맡기고 외국에 나가 다른 집 아이들을 키우며 번 돈으로 고국의 가족을 부양하고 있었다. 그들의 용기와 희생에 감탄하면서도 가족과 떨어져 사는 힘든 선택을 해야 하는 사정을 생각하면 가슴이 아팠다.

그 필리핀 여성에게 아이가 있는지 물었더니 아이는 없다고 했다. 산더미처럼 쌓인 눈과 얼음 사이에 서서 나는 무엇 때문에 이렇게 추운 나라에 오게 되었느냐고 물었다. 그녀가 19살 때 필리핀에 살고 있는 언니가 남편을 여의고 혼자 아이 셋을 키우게 되었다고 했다. 언니는 아이들을 제대로 부양할 형편이 되지 않았다. 그래서 동생인 그녀가 캐나다로 가서 일을 하겠다고 제안했다. 그러면 집으로 돈을 보내 언니와 조카들이 살 수 있을 테니까. 그 말을 듣고 깜짝 놀란 나는 정말 대단하다고 말했다. 캐나다에는 가족에 대한 강한 책임감과 희생정신이 그 정도로 일반적이지 않다는 말도 덧붙였다. 내 말에 그녀는 그저 어깨를 으쓱해 보이며 이렇게 말했다.

"그래요. 여긴 다르지요. 하지만 필리핀은 가족을 매우 중요하게 여겨요."

잘사는 나라일수록 가족과 공동체의 진정한 지원을 기대하기가 더 힘든 것 같다는 생각도 들었다.

컬럼비아 대학교 교원 대학의 심리학과 교수 수니야 루서(Suniya S. Luther)는 「풍성함의 문화 : 물질적 풍요로움에 대한 심리적 대가」라는 제목의 학술 논문을 썼다. 루서는 풍요롭기 때문에 고립과 외로움을 느낄 수 있는데 이는 종종 우울증 유발로 이어진다고 말한다. 서로의 필요에 의해 만들어지는 공동체적 유대와 확고한 상호 의존으로 인해 행복해질 가능성이 더 높아진다. 도움을 주고, 만나고, 서로를 위해 희생함으로써 개인의 관심과 헌신을 보여 줄 수 있기 때문이다. 이런 종류의 협동과 상호 의존을 통해 우정과 충성심이 깊어진다. 그리고 사람들은 공동체를 통해 자신이 누군가에게 필요하며 가치 있는 존재임을 느끼게 된다.

이와는 대조적으로 잘사는 사회는 종종 "사회적 자본이 부식되는데"[08] 그 이유는 이야기를 잘 들어주는 친구 대신 심리치료사를 고용하고, 집안의 노인을 가족과 공동체 대신 돈을 내고 요양원에서 돌보게 하기 때문이다. 또한 아이들도 가족이나 공동체가 키우기보다 어린이집과 같은 보육 시설에 맡긴다. 사회적 관계가 정서적으로 훨씬 더 만족스러울 잠재성을 가졌음에도 시장이 서로 주고받을 수 있는 사회관계의 기능을 대체해 버렸다.[09] 루서는 다음과 같이 말한다.

> 진화심리학자들은 역설적이게도 부유한 사회의 구성원들이 고립되고 친구가 없는 외로움을 느낄 가능성이 더 높다고 주장해 왔다.[10]

나는 자원이 한정적일 때 사람들이 어떻게 좀 더 공동체에 가까워지는지 그 방법을 안다. 임신으로 힘들 때 남편이 일주일간 출장을 간 적이 있다. 하필이면 남편이 없을 때 마당에 물이 샜다. 뒷마당에서 새기 시작한 물이 지하로 흘러 들어갔고 급기야 지하에 깔아 놓은 카펫이

젖어 버렸다. 바로 그전에 우리는 비싸게 배관공을 불러 일을 시켰던 터라 또 큰 공사를 할 돈이 없었다. 그래서 나는 이웃에게 도움을 요청했다. 이웃 사람은 하던 일을 멈추고 우리 집에 와 물이 새는 것을 고쳐 주었다. 그리고 그의 부인은 카펫 스팀 청소기를 가져와 젖은 카펫을 청소한 뒤 말려 주었다.

그때는 임신으로 내 발가락도 건드릴 수 없을 때라 그 상황을 지켜보면서 문제를 해결했다는 것 이상의 안도감을 느꼈다. 보살핌을 받고 있다는 생각이 들었다. 배관공을 불렀다면 비용은 일단 신용카드로 해결했을 것이다. 하지만 이웃에게 도움을 요청했기 때문에 간단한 신용카드 거래 이상의 풍부한 경험을 할 수 있었다. 우정과 헌신 그리고 감사의 마음을 발전시킬 수 있었다. 그런 건 아무리 돈을 많이 줘도 살 수 없다. 이웃의 관심과 너그러운 행동은 나도 가능할 때마다 그들을 돕고 싶게 만들었고, 실제로 실천에 옮겼다. 그들에게 빚을 져서가 아니라 친구가 되었기 때문이다.

『미국의 역설(The American Paradox)』에서 데이비드 마이어스(David G. Myers)는 다음과 같이 이야기한다.

> 본질적으로 …… 부자는 상호 의존이 빈번한 공동체의 일원이 일상적으로 누리는 깊은 사회적 유대감에서 비롯되는 안정감을 경험하지 못한 확률이 매우 높다.
> 미국인은 이전보다 두 배 더 부유해졌지만 그만큼 행복하지는 않다. 한편 이혼율은 두 배, 10대 자살률은 세 배로 뛰었다. 특히 10대

와 젊은 성인들 사이에 우울증을 앓는 비율이 급증하고 있다. 나는 이런 물질적 풍요와 사회적 유대감의 퇴조 현상을 묶어 '미국의 역설'이라고 부른다. 사람들이 돈과 같은 외적 목표를 지향하면 할수록 문제는 더 많이 발생하고 행복감은 점점 더 희박해진다.[11]

학자들이 부유한 사람들은 행복을 찾을 수 없다거나 가난한 사람들은 모두 행복하다고 주장하는 게 아니라는 점을 알아 둘 필요가 있다. 극심한 빈곤이 사회적 유대 관계를 형성하는 데 부정적으로 작용하기도 한다. 특히 부자 나라에서 가난하게 사는 것이 경제적으로는 빈곤하지만 사회 구조가 견고한 나라에서 못사는 경우보다 사회적 고립을 더 심하게 느낄 수 있다. 가장 견디기 힘든 것은 대부분 고립이다. 신뢰할 만한 연구 조사에 따르면 물질적 부가 풍성할수록 심리적 희생은 더욱 커질 수 있다. 때로는 가진 것이 적은 게 더 나은 법이기도 하다.

밀파, 강력한 가족과 공동체의 표본

멕시코를 방문해 밀파 투어를 갔을 때 나는 생산적이면서 사회적으로 활력 넘치는 특별한 공동체 사례를 발견했다. '밀파'는 지역민들이 공동 경작 시스템을 이용해 농작물을 키우는 들판의 이름이다. 하지만 밀파의 정신과 영혼은 이름 이상의 의미를 가진다. 그 지역 출신인 가이드는 지역민들이 공유하는 들에서 어떤 식으로 함께 작업을 하고 수확을 하는지에 대해 설명해 주었다. 멕시코 중부와 남동부 그리고 중앙아메리카의 북부 지역에서는 이렇게 공동으로 농사를 짓는다. 다 함께 작업하는 시스템은 수백 년 동안 이어져 왔고, 여러 공동체에서 몇 세대에 걸쳐 이어져 온 삶의 방식이다.

밀파는 경제와 공동체가 합쳐진 형태이며, 목표는 갈라짐이 아니라 수렴이다. 역사적으로 살펴보면 밀파는 살충제나 비료를 사용하지 않고 토양을 훼손시키지 않으면서도 작물을 풍부하게 수확할 수 있었다. 환경오염을 경고하는 닥터 수스(Dr. Seuss)의 작품『로렉스(The Lorax)』의 등장인물 원슬러(Once-ler)가 자랑하듯 "더 크게 더 크게 더 크게"[12] 만들려고 애쓰지 않는 사람들에게 대해 좀 더 깊이 알고 싶었다.

밀파에서 일하는 농부들 중 부자라고 할 사람은 별로 없지만 그들은 다른 의미에서 부유해 보였다. 그들의 가정과 공동체의 삶은 매우 활기차다. 한 가정의 어머니가 얼마나 많은 힘과 영향력을 가지며 존경을 받는지에 대해 듣는 게 정말 즐거웠다. 가이드의 말을 들어 보면 그들 안에서 가족의 역할이 매우 진지하게 받아들여진다는 것이 확실했다. 밀파는 수많은 잘사는 나라의 문화에는 부족한, 강력한 가족과 공동체의 표본, 영감 넘치는 모델이기 때문에 주목할 필요가 있다.

나는 밀파에서의 삶이 완벽하다는 환상을 품는 것은 아니다. 밀파에도 분명 갈등과 긴장, 부조리와 약점이 있다. 하지만 한 가지 확실한 것은 밀파의 가족과 공동체의 결속은 잘사는 대부분의 사회의 그것보다 훨씬 더 강력하다는 점이다.

멕시코에서 돌아와 밀파에 대해 인터넷으로 조사하다가 '밀파 프로젝트'에 대해 알게 되었다.

밀파 프로젝트는 고대의 생활방식이 주는 이점에 주목한 사람들이 모여 시작되었다. 그들 표현을 빌리자면, "밀파는 지속 가능한 농업의 세계 최고의 모델"[13]이다. 그들은 전통, 공동체, 식량원으로의 접근 그리고 영혼의 자양분과 같이 밀파의 좋은 면이 전 지구화와 현대화의 압력에 의해 없어질지도 모른다고 우려한다. 밀파 프로젝트 웹사이트는 이렇게 설명한다. "밀파의 작물은 영양 면에서 그리고 환경 면에서 보완적이다. …… 토양의 생산력을 유지하고, 다양하고 건강한 식품을 공급하며 작물 생산에 가해지는 환경적 영향을 최소화한다는 점에서 밀파는 인간이 만들어 낸 것 중 가장 성공적인 시스템 중 하나임에 틀림없다."[14]

밀파에 대한 호기심이 더욱 커지는 중에 밀파의 가치에 대해 쓴 흥미로운 이야기를 찾았다. 버클리 대학 출신의 린다 그린(Linda Green)의 글이었다. 그린은 현재 아리조나 대학 인류학 조교수이면서, 과테말라에서 2년 동안 마야 공동체를 연구한 경험이 있다. 그린은 지역의 과부들을 인터뷰했다. 당시 정부의 탄압으로 인해 수많은 여성들이 남편을 잃었는데, 이 여성들이 밀파에서 일을 도우며 가족을 돌본다는 사실을 알게 되었다. 한 과부가 그린에게 가로 세로 6미터 정도의 밭에 뿌릴 비료 약 150킬로그램 정도를 사게 도와줄 수 있는지 물었다. 그 밭은 자녀 셋과 그녀 자신의 생계 수단이 되는 곳이었다. 그린이 그 여인을 도와주자 다른 사람들도 도움을 청하고 비료와 바꾸는 대가로 수공예로 만든 작품이나 작은 조각품 또는 과일을 주겠다고 제안했다.

그린은 옥수수를 경작하는 데 드는 실제 비용과 시장에서 살 때의 비용을 비교해 보았다. 놀랍게도 밀파에서 옥수수를 경작하는 것보다 시장에서 사는 게 비용 면에서는 훨씬 유리했다. 이런 사실을 밀파 마을의 여성들에게 설명하자, 그들은 밀파를 포기하는 것은 단순히 직접 기른 옥수수를 포기하는 것 이상의 의미가 있다고 대답했다.

그린은 마야 여성들과 시간을 보내며 옥수수가 마야인들의 식단, 문화 그리고 공동체에 얼마나 중요한지를 경건한 마음으로 이야기하는 것을 들었다. 마가리타라는 마야 여성은 밀파에서 기른 옥수수가 가진 실용적 이점에 대해 설명했다. 옥수수는 생명을 유지시켜 주는 자양분 역할 정도만 하는 것이 아니다. 줄기는 무엇인가를 만드는 재료나 식품 감미료로 쓸 수 있다. 옥수숫대에 붙어 있는 옥수수는 동물 사료로 쓸 수 있고, 겉껍질은 요리는 물론 약으로도 유용하게 쓰인다. 마가리타는 말한다. "밀파는 단순한 옥수수 이상이에요. 밀파는 삶의 방식이죠. 하나의 완전한 세계예요."[15]

그곳 사람들에게 밀파는 조상이 사는 곳이기도 하다. 마야인들은 가족의 끈이 이번 생에만 연결되어 있는 게 아니라고 생각한다. 그들은 부모와 조부모의 영혼이 밀파로 돌아와 후손을 지켜본다고 믿는다. 어떤 사람은 밀파에서 일하면서 조상의 존재를 떠올리게 되었다고 말했다. 밀파에서 일하는 수많은 마야인들에게 "땅을 가꾸는 것은 죽은 자, 대지, 산, 화산, 강 그리고 나무의 혼과 다시 연결되는 일"이다.[16]

사람들은 밀파를 과거뿐 아니라 미래를 보호하는 방법으로 생각한다. 아이들은 옥수수 농사를 준비하고, 키우고 먹는 법을 배운다. 소녀들은 엄마로부터 배우고 소년들은 아버지를 보고 배운다. 소년들은 옥수수를 심기 전에 먼저 조상과 영혼에게 드리는 기도를 암송한다.

나는 밀파 프로젝트 관리자인 브렌다 암스트롱(Brenda Armstrong)과 이야기를 나눴다. 캐나다 출신인 암스트롱은 삶의 반은 캐나다에서 나머지 반은 멕시코 바하 캘리포니아의 산펠리페에서 보내고 있다. 그녀는 밀파 사람들이 경제적으로는 산펠리페의 경쟁 상대와 힘겹게 싸우고 있지만 가족 문화를 포기하라는 압박을 받지는 않는다고 말했다. 확대 가족 구성원들이 지속적으로 서로를 지원해 주기 때문이다.

브렌다는 고모나 이모, 할머니 들이 얼마나 자주 아이들과 함께 집에서 시간을 보내는지에 대해 이야기했다. 엄마들은 일을 하고 토르티야를 팔거나 그 밖의 지역 경제 관련 일을 해야 한다. 하지만 지근거리에 살면서 기꺼이 아이들을 돌봐 주려는 친척들이 많다. 그리고 가족 간에 아이를 돌봐 주는 일이 금전적 대가 없이도 원활하게 이루어진다. 브렌다는 멕시코를 여행하면서 엄마들이 다른 친척 여성으로부터 전폭적인 지원을 받는다는 것을 알았다. 그러니까 할머니와 이모, 고모 등이 아이들의 일상에 매우 큰 부분을 차지하는데, 이는 나와 내 아이들이 아주 좋아할 만한 일이다.

멕시코에만 이런 풍습이 있는 게 아니다. 캐나다의 한 상점에서 계산할 차례를 기다리다 어떤 흑인 노부인과 이야기를 하게 되었다. 그녀는 딸이 일하는 동안 손자를 돌본다고 했다. 그것은 참 너그럽고 관대한 행동이라고 말하자, 그 노부인은 캐나다에 와 보니 조부모들의 손자 손녀에 대한 책임감이 그리 크지는 않은 것 같아 놀랐다고 말했다. 그녀의 나라 문화에서는 조부모가 손주들의 행복에 어느 정도 기여를 해야 한다. 또한 조부모들은 나이 든 뒤 양로원에서 홀로 외롭게 지내지 않고 그들이 사랑하고 평생 동안 지원한 가족들과 함께 지낸다.

내가 성장해서 아이들을 키우는 사회는 이런 모습이 아니다. 가족과 비슷한 유형의 공동체를 갖기 어려운 우리는 어쩔 수 없이 정서적으로나 사회적으로 덜 만족스러운 대안에 의존할 수밖에 없다. 정부가 제시하는 해결책, 돈을 주고 사람을 고용하거나 친구들로 구성된 그룹은 아무리 훌륭해도 가족이 주는 것을 대신할 수는 없다. 특히 육아 문제에 있어서는 거의 절대적이다. 우리가 사랑하는 친구들과 매우 가깝다고 느끼는 만큼 혈연으로 묶인 가족의 유대감에는 영원히 이끌리는 어떤 힘이 있다.

많은 사람들이 가족과 함께 사는 것은 힘들고, 심지어 건강하지 못하다고 생각한다. 가급적이면 멀리 떨어져 사는 게 낫다고 생각하기도 한다. 물론 이런 범주에 해당하는 가족도 있다. 하지만 대부분 가족과 함께 있으면 좋든 싫든 공존하는 법을 배운다. 평화롭게 공존하는 법을 배우기까지 오랜 시간이 걸릴 때도 있지만 말이다. 그 이유는 아마 우리 대다수가 다른 사람들과 조화를 이루는 방법을 잊어버렸기 때문일 것이다. 일 년에 한 번 정도 가족을 방문하면서 가족이 까다롭고 소모적이라고 느낀다. 그리고 며칠 뒤엔 그렇게 복잡한 관계를 뒤로하고 떠날 수 있어서 안도한다. 그런데 그렇게 느끼는 이유는 우리가 갈등을 그대로 둔 채, 짜증스러워하거나 복잡하다고 방치했기 때문일 수 있다. 가까이 살지 않으므로 확실한 경계를 세울 필요가 없고, 중요한 일에 대해 입장을 정하고, 용서하고, 사랑하고 함께 일하며 전 생애에 걸쳐 천천히 지원하고, 고난이 섞인 역사를 함께 만들어 나갈 필요가 없기 때문일 수 있다. 천성적으로 나 또한 도망치는 쪽에 가깝기 때문에 잘 안다. 나는 힘들고 불편한 상황에서 도망치는 쪽을 택할 때가 많다. 하지만 도망치기만 하면 하나의 사회로서 우리가 가족이라는 이름의 안전망이 주는 중요한 이점과 혜택을 누리지 못할 수 있다.

그래서 우리는 제대로 맞지 않는 모서리를 세게 당기고, 평평하게 펼 수 없는 가장자리를 펴겠다고 애쓰는 자신을 발견하게 된다. 이 시점에 희미하게나마 비치는 희망은 애초에 잘못 끼워 넣은 이불 커버를 벗긴 다음 다시 끼워 넣으면 된다는 사실이다. 나를 괴롭히는 문제의 실체를 마주하고 이해하려 노력하니, 내가 원하는 모서리와 평평한 가장자리를 찾을 수 있었다. 문제를 시인하고 이해하는 것은 문제 해결에서 중요한 부분이다. 우리가 왜, 어떻게 마을을 잃어버렸는지를 확실하게 파악한 다음에는 다른 마을살이의 사례를 찾아보자. 그래야 우리 자신을 위해 어떤 마을이 필요한지 확실하게 알 수 있다.

지금
우리에게
필요한 것

　오타와에 있는 캐나다 역사박물관에서 열린 모계 중심으로 생활하는 이로쿼이 아메리카 원주민 관련 전시회에 간 적이 있다. 이로쿼이 원주민은 롱하우스(longhouse)라는 전통 가옥에서 확대 가족 형태로 함께 생활했다. 나는 확대 가족이 모여 산다는 발상에 매료되었다. 이 전시회에 갔을 때가 막내 세이디를 낳고 6개월밖에 지나지 않은 때라 특히 심하게 피곤하고 외로움을 느꼈다. 엄마로서 해야만 하는 도전이 무척 버겁던 시간이기도 했다. 이로쿼이족의 삶에 대한 설명을 읽어 보니 그 부족 여자들이 가진 것이 탐났다.

　이로쿼이족의 전통 가옥인 롱하우스는 백 명 이상을 수용할 정도로 매우 컸다. 기둥을 세우고 커다란 나무껍질로 사방을 덮은 다음 밧줄로 고정하는 구조였다. 그들은 이 롱하우스에서 방문하는 이웃을 맞이하고, 이야기판을 벌이고, 때때로 정치 토론도 했다.

내부로 들어가면 가족별로 분리된 격실이 있고, 중앙에는 난로들이 일렬로 쭉 서 있다. 각 가족은 이 난로로 난방과 조리를 하고 조명으로도 사용했다. 음식을 만드는 곳이기 때문에 난로는 가족들이 모이는 장소 역할을 했다. 소식을 나누고, 옛날이야기를 하고, 그날의 중요 과제를 토론하는 곳이 난롯가였다. 그 모습을 보니 온 가족들과 함께 캠핑을 가서야 아늑하게 장작불을 피우고 모여 앉아 진솔한 이야기를 나누었던 일이 생각나 질투심이 일기도 했다.

이로쿼이족 풍습에 의하면 여자는 결혼을 해도 엄마와 자매들과 따로 떨어져 살지 않았다. 할머니와 할머니의 여자 형제들을 포함해 모계쪽 친척이 함께 모여 살았다. 연장자인 할머니는 롱하우스 내에서 권위를 가졌다. 씨족의 어머니이자 가장 나이가 많은 여성은 이로쿼이족 안에서 사회적으로 그리고 정치적으로 막강한 영향력을 행사했다. 씨족의 어머니들이 공동체의 족장들을 임명했고, 필요하다고 판단이 서면 족장을 바꾸기도 했다. 족장은 전쟁이나 평화 협상을 할 때면 언제나 씨족의 어머니에게 조언을 구했다.

밀파의 농부들과 비슷하게 롱하우스에 사는 사람들은 공동 소유의 밭에서 경작을 하고 수확을 하면 똑같이 나눠 가졌다. 하지만 가부장 문화와 달리 이로쿼이 모계 사회에서는 남자들이 밭에서 일을 하지만 밭에 대한 합법적인 통솔권은 가족의 어머니가 가졌다. 여자들은 롱하우스 근처에서 아이들을 데리고 음식을 준비하고, 옷, 깔개, 인형 등을 만들며 바쁜 하루를 보냈다. 그들은 또한 선조로부터 이어받은 경험과 축적된 기술을 이용해 아름다운 진흙 도기를 구워 냈다.

전시회를 둘러본 뒤 나는 이로쿼이족처럼 살면 어떤 느낌이 들까 상상해 봤다. 이들 방식으로 육아를 한다면 단점도 있겠지만 분명 장점도 있을 것이다. 아이들이 함께 모여 있고 엄마들은 아이들과 가까이 있으면서 동시에 도기를 만들거나 수공예 일처럼 기술이 필요한 작업을 할 수 있다. 그 일을 혼자 다 하지 않아도 되기 때문에 만드는 게 재미있는 엄마, 정리를 잘하는 엄마, 창의적인 엄마 또는 지식이 많은 엄마가 아니라고 해서 죄책감을 느낄 필요는 없다. 함께 일해서 얻는 이점 중하나가 바로 이것이다. 당신이 가장 잘하는 것을 제공하고 다른 사람이 가장 잘하는 것의 혜택을 누리는 것이다.

여성마다 아이들을 대할 때 특별히 잘 다룰 수 있는 연령대가 있기 마련이다. 10대 청소년을 아주 잘 다루는 여성이 있는가 하면 아장거리며 걷는 아이를 잘 돌보는 여성, 갓난아기를 보는 데 탁월한 여성이 따로 있다. 이상적인 환경이 조성된다면 엄마들이 각자 잘하는 능력과 재능을 발휘해 함께 아이들을 돌볼 수 있을 것이다. 그러면 아이들은 여러 엄마들의 다양한 재능과 능력 덕분에 여러 가지 혜택을 볼 수 있다. 그런 조건에서라면 아이들은 진정 모든 것을 다 누릴 수 있을 것이다.

만약 당신이 산후 우울증으로 고통받고 있다면 다른 여성들이 아기를 돌봐 주는 동안 휴식을 취하고 잠도 자 증세가 호전될 수도 있다. 또는 거동이 불편한 상태라면 매일 자매들의 도움을 받을 수도 있다. 자녀에게 자폐증이나 장애 같은 문제가 있을 경우도 혼자 그 모든 부담을 짊어지지 않아도 된다. 나 또한 아이들과 함께 허우적거리며 힘겹게 살면서 가까이 있는 조부모, 이모나 숙모, 삼촌 등의 애정을 바탕으로 만들어진 지원이 이상적이라는 것을 알게 되었다. 아이들과 부모 모두의 요구를 맞추는 데 그것이 최상의 방법일 수 있다.

공동으로 아이를 키우면 젊은 세대는 물론 노인 세대에게도 득이 된다. 할머니, 할아버지가 양로원이나 요양원같이 개별 보호를 제공하는 시설에서 가족을 그리며 외롭게 살기보다는 엄마들이 바쁠 때는 아기를 돌볼 수 있는 롱하우스에서 함께 생활할 수 있다. 그리고 노인 세대를 돌보는 부담 역시 개인이 아닌 여러 사람이 나눌 수 있다.

우리는 엄마 노릇을 하며 노력이 부족하다고 느끼고, 그런 부족함이 있어서는 안 된다고 생각한다. 죄책감을 더 많이 짊어지고, 더 열심히 하라며 스스로를 채찍질하고, 좀 더 비참해지는 것쯤은 괜찮다고 생각한다. 그렇게 간신히 버티며 걱정하고 지친 삶을 사는 것 그리고 실패의 감정을 가지고 사는 게 해결책이라 생각하는 것은 잘못되고 어리석은 일이다. 여자 한 사람이 마을 전체가 하는 역할을 대신할 수는 없다.

여성사 전문가 린다 네피코스키(Linda Napikoski)는 다음과 같이 말했다.

> 공동생활은 …… 히피들이 꿈꾸는 이상이라고 여겨지는 경우가 많으며 일반적으로 핵가족 생활의 대안으로 진지하게 고려되지 않는다. 그러나 양친과 자녀들로 이루어진 전통적 형태의 가정은 인류 역사에서 비교적 최근에 만들어진 개념이다. 역사적으로 필요한 시스템이라기보다는 산업혁명의 반영이자 그에 이로운 제도였을 뿐이다.[01]

역사적으로 볼 때 공동생활이 좀 더 일반적인 생활방식이긴 하지만 실제로 지금 내 부모님과 언니들에게 이제라도 다 함께 롱하우스에서 살자고 제안하기는 어렵다. 그건 아마 남편들의 동의를 얻기도 쉽지 않을 것이다. 내가 이로쿼이 부족의 생활을 장밋빛으로만 봤다는 점을 인정한다. 실제 이로쿼이 여성들이 그들의 생활방식을 어떻게 생각했는지는 알 수 없다. 하지만 그날 박물관에서 분명하게 깨달은 것은 내가 경험한 엄마 노릇은 이로쿼이 부족의 엄마들이 사는 모습과는 확연히 다르다는 것이다. 그때부터 나와는 완전히 다른 방식으로 엄마 노릇을 하는 문화권 사람들의 사례를 찾기 시작했다.

세계 곳곳의 엄마들을 주목하다

나는 밀파와 이로쿼이 사람들같이 문화와 공동체를 우선시함으로써 체계적으로 엄마와 가족을 지원하는 우수한 문화에 대해 좀 더 알고 싶어졌다. 조사 결과 과거 그리고 세계 곳곳에서 강렬하고 영감 넘치는 사례를 찾을 수 있었다.

과거 사례를 살펴볼 때는 수백 년 전 정도가 아닌 수천 년 전으로 거슬러 올라가고 싶었다. 초기 여성들이 엄마 역할을 할 때 얼마나 서로 협력했는지에 대한 자료를 읽으면서는 무한한 평온함을 느꼈다. 수많은 자료를 찾았는데 그중에서도 새러 하디(Sarah Hrdy)의 작업이 가장 뛰어나다고 생각했다. 하버드 대학에서 박사 학위를 딴 새러 하디는 국립과학원 회원이자 캘리포니아 주립대학교 인류학과 명예교수이다. 하디 박사는 기념비적 저서 『엄마 그리고 다른 이들(Mothers and Others)』에서 초기 인간으로까지 거슬러 올라가며 모성과 엄마 노릇의 유산과 관련된 놀라운 통찰을 보여 준다.

하디에 의하면 인류학자들은 초기 인간이 자식을 키우는 방식에 대한 정보를 얻기 위해 수십 년 동안 유인원을 관찰했다. 그런데 하디는 인류학자들이 간과한 중요한 차이점을 지적했는데 그것은 유인원은 인간과는 달리 암컷과 수컷 모두 새끼를 잠재적인 경쟁자로 생각해 종종 거칠게 대한다는 점이었다. 특히 식량을 얻을 때 더욱 그렇다. 하디는 유인원 어미는 다른 어미와 함께 새끼를 돌보는 경우가 거의 없다고 밝힌다.

하디는 인간이 자식을 키울 때 공동 작업을 하지 않았다면 인류는 번영하지 못했을 거라는 확실한 증거를 제시하며 이상적인 인간의 후손 양육 방식을 유인원과 비교하는 것을 거부한다. 그 대신 '알로마더(allomother)'가 중요한 역할을 한다고 주장한다. 알로마더란 친자식이 아닌데도 아이의 양육에 중요한 역할을 하는 존재를 일컫는다. 알로마더의 도움이 없었다면 인류의 이야기는 지금과 사뭇 다른 모습을 띠었을 것이다.

나는 새러 하디의 작업에 완전히 매료되었다. 하디 박사의 글은 학술적이지만 마법처럼 다가왔다. 엄마, 할머니, 고모나 이모, 언니 들이 인류 역사와 종의 생존에 어떤 영향을 미쳤는지 이야기해 주는 특별한 글을 읽으면서는 마음이 따뜻해졌다. 하디의 연구는 나 자신을 포함해 엄마들 대부분이 직관적으로 느끼는 그것에 타당성을 부여한다. 과거와 현재의 엄마들 모두 아이를 키우려면 마을이 필요하다는 점에 공감해 왔다는 사실 말이다.

앞에서 언급했듯 엄마들이 여성 공동체의 지원을 받는 문화에서는 산후 우울증에 걸릴 확률이 현저하게 줄어든다. 산후 기간 동안 여성 친척이 엄마를 돌봐 주는 문화에서는 개인적으로 돌봐 주는 관습(과테말라, 유카탄 반도의 마야 여성들, 미국과 멕시코의 라틴 여성들)이 있고, 의무적으로 휴식할 것을 처방하는 관습(뉴 펀자브 지방의 여성들)도 있다. 또한 기능적인 일(다른 여성들이 아이를 돌봐 주고 새로 엄마가 된 여성들이 일반적으로 해야 하는 일을 돕는다)을 나누어 돕기도 한다.[02] 그 보답으로 도움을 받은 엄마는 나중에 가족 내 새롭게 엄마가 되는 또 다른 사람을 돕는다.

소아과 의사인 베리 브레즐턴(T. Berry Brazelton)은 또 다른 사례를 일본의 고토 섬에서 발견했다. 고토 섬에서는 새롭게 엄마가 된 여성들은 아기와 함께 친정 엄마의 집으로 가서 한 달간 휴식을 취한다. 여자 친척이 아기를 낳은 여성을 돌보는 동안 "엄마가 된 그녀들이 하는 유일한 일은 아기에게 수유를 하는 것"[03]이다.

하디는 하드자(Hadza), !쿵(!Kung), 아카(Aka), 에페(Efe), 음부티(Mbuti) 등 주로 아프리카 등지에 거주하는 부족들을 포함해 오늘날에도 전통적 수렵 채집을 유지하고 있는 문화에 대해서도 글을 썼다. 하디는 아마존의 야노마모(Yanomamo)족과 아프리카 힘바(Himba)족 알로마더가 어린 아이들과 육체적 유대감을 갖는다는 것을 언급한다. 인간관계 분야를 보면 대다수의 문화에서 아기를 낳은 엄마에게서 모유가 나올 때까지는 다른 여성들이 번갈아 가며 아기에게 모유 수유를 한다. 또한 어떤 특정 그룹의 경우 아기가 성장해 모유를 떼면 알로마더들이 음식물을 씹어 입에서 입으로 아이에게 전달하기도 한다. 이 방식은 아기와의 연결 방식으로는 썩 유쾌하지 않게 보일 수 있다. 그러나 육체적이면서 정서적인 친밀감이 자신이 낳지도 않은 아기와의 유대감 형성을 촉진시킨다는 기본적인 정서는 이해할 수 있을 것이다.[04] 이렇게 수많은 문화권에서 알로마더들은 유아기부터 아이들을 함께 키우며 강한 유대감을 발전시킨다. 여러 가지 이유로 확대 가족들과 가까이 지낼 수 없는 선진국의 여성들이 실행하기는 매우 어려운 일이다.

하디의 자료에 나오는 모든 문화권에서 엄마들은 아기를 공동체에 내놓으며 공동체 내의 다른 어른이나 아이들이 새로 태어난 아기들을 보듬고, 입맞춤하고, 젖을 먹이고, 노래를 불러 주고 이야기를 할 수 있게 한다.

> 그들은 아기를 공동체 일원에게 소개하면 혜택이 많다는 사실을 안다. 엄마가 아기를 공유한다는 것은 자기 자신과 아기가 씨족 일원들의 도움에 의지할 거라는 신호를 보내는 것이다. 알로페어런츠(alloparents)들이 아기를 보고, 아기 소리를 듣고, 냄새 맡게 하는 것은 엄마가 자신의 아기와 잠재적 돌보미이자 보호자들과 정서적 유대감을 맺도록 기초 공사를 하는 것이다.[05]

하디에 의하면 "분리되고 독립된 가족 형태가 아닌 전통적 방식으로 살아가는 사람들에게 공동 보호는 일종의 규칙"[06]이다. 중앙아프리카의 아카족, 필리핀의 아그타(Agta)족, 인도 해안 동쪽에 위치한 안다만제도의 옹게인(Onge), 태평양의 트로브리안드 섬사람(Trobriand Islander)

등이 이에 속한다.

우리 사회는 확대 가족과 공동체 단위의 협력적 육아에서 변화를 거쳐 이제는 이웃도 피상적으로 아는 정도로만 유지하게 되었다. 타고난 불신의 본성이 우리 인간을 유인원과 비슷한 상태로 만들어 버렸다. 엄마가 알로마더를 완전히 신뢰하지 못하면 종종 혼자 육아를 하게 되는데 이는 더 힘들고, 자연스럽지 못한 방식이다.

미크로네시아 연방에 소속된 태평양 캐롤라인 제도의 이팔루크 (Ifaluk) 산호섬에는 이팔루크인들이 살고 있다. 로라 베직(Laura L. Betzig), 앨리사 헤리건(Alisa Harrigan), 폴 터크(Paul Turke)는 이팔루크인들에 대해 다음과 같이 말한다.

> 이팔루크섬의 엄마들은 평균적으로 모계 중심의 대지에서 대략 네 명의 성인 여성들과 함께 생활한다. 이들은 한나절을 자녀들과 함께 보내는데, 그 한나절 중 반 정도만 자신의 아이와 둘만의 시간을 보낸다. 그리고 시간을 함께 보내는 대상은 상대적으로 나이가 어린 자녀보다는 좀 더 성장한 자녀인 경우가 많다. 알로페어런츠 중 특히 친한 여성이나 할머니 들은 아이들과 많은 시간을 보낸다. 이렇게 여러 엄마, 언니, 딸 들과 함께 사는 것은 여성들이 낳은 수많은 아이들에게 긍정적인 영향을 미칠 수 있다. 이런 결과는 확대 가족이 공동 거주를 하며 협력해서 자녀를 키우는 것이 전통적 문화를 지키는 사회에서 훨씬 더 일반적이라는 증거와 일치한다.[07]

파키스탄에서도 공동 거주하는 확대 가족 형태가 표준이다. 공원에서 두 명의 파키스탄 여성을 만나 이야기를 나눈 적이 있다. 아이들이 함께 어울려 노는 동안 나는 엄마들에게 캐나다와 파키스탄의 육아 경험을 비교해 보고 느낀 점을 말해 달라고 부탁했다. 파키스탄에서는 확대 가족이 소위 말하는 '집합 가족'의 형태로 사는 경우가 많다고 한다. 그녀는 다음과 같이 말했다.

> 집합 가족 내에서는 내 생각만 하지 않아요. 어머니, 아버지, 형제, 자매 모두를 생각하죠. 집합 가족 방식으로 살면 문제도 생기지만 좋은 점도 많아요. 특히 아이들에게 이롭죠. 아이들은 할아버지, 할머니, 사촌들과 함께 성장하며 친척의 중요성을 배워요. 또한 화해하는 법, 다른 이와 함께 일하는 법, 차이를 다루는 법 등에 대해 알아 가죠. 문제가 생겨도 "나는 혼자야"라고 생각하지 않아요. 문제를 공유하고 함께 풀어 나가요. 다른 이들이 나를 걱정하고 보살피기 때문이죠.

파키스탄 여성들이 직면하고 있는 문제와 도전이 줄어들고 있지는 않다. 하지만 확대 가족 안에서 다양한 알로마더를 만들 수 있다는 잠재성은 파키스탄보다 좀 더 발전한 국가의 많은 엄마들에게는 그저 꿈같은 일이다. 나와 이야기를 나눈 두 파키스탄 엄마도 캐나다에서 아이를 키우는 일은 파키스탄에 있을 때보다는 더 외롭고 고립된 느낌이 든다고 했다. 내 담당 의사도 파키스탄에서 태어났다. 가족이 여전히 그곳에 살고 있는데, 아예 커다란 주택 단지를 구입해 확대 가족들이 모여 산다고 했다. 그녀는 이렇게 말했다. "파키스탄에서는 모든 것이 엄마를 중심으로 돌아가요. 가족이 매우 중요하죠."

이런 문화를 꾸려 나가는 사회는 어떤 면에서는 풍족하지 않지만 사회 구조는 부유한 나라보다 훨씬 우수하다. 아이들이 확대된 지원망에 접근할 수 있다는 점에서 특히 우수하다고 볼 수 있다. 확대된 지원망은 아이들, 특히 위험에 노출된 아동에게는 매우 중요한 요소다. 하디는 다음과 같이 말한다.

> 인류학자, 심리학자, 사회 복지사와 함께 작업해 온 스테파니 쿤츠 (Stephanie Coontz) 같은 가족 역사가는 다양한 지역과 시대를 통틀어서 가난한 곳에서 태어난 아기, 미숙아, 조숙아, 10대 엄마나 미혼모들이 확대 가족 내에서 성장했을 경우 인지적, 정서적, 육체적으로도 상황을 더욱 잘 헤쳐 나간다는 점을 발견했다. …… 방대한 학제 간 문헌도 사회적 지원을 더 많이 받은 엄마가 아이의 요구에 좀더 빠르게 반응한다는 사실을 증명하는데 …… 쿤츠는 다음과 같이 말한다. "육아와 양육을 전적으로 부모에게 맡기기엔 그 일이 너무 중요하다고 여기는 사회에서 아이들은 자신의 능력 중 최고를 끌어낼 수 있다."[08]

내 경우만 봐도 부모님 이외에 다른 어른이 나의 유년기 양육에 얼마나 중요한 영향을 미쳤는지 알 수 있다. 중·고등학교 시절 나는 재미

있고 지혜로우며 다정한 알로마더 덕분에 혼란스럽고 힘들었던 사춘기를 잘 이겨 낼 수 있었다. 그분은 내게 가족이나 다름없었고 오늘날의 내가 있기까지 큰 역할을 했다.

부모 이외에 적극적이고 헌신적인 어른의 보살핌을 받고 자란 아이들, 어려울 때 곁에서 도와주고 의지할 수 있는 버팀목이 되어 준 어른이 곁에 있던 아이들은 그런 존재가 없었던 아이들과 비교했을 때 정신적, 사회적, 정서적으로 더 발달한다는 점을 반드시 기억해 둬야 한다. 판 이젠도른(van Ijzendoorn), 사기(Sagi), 램버몬(Lambermon)의 연구에 의하면, "생애 후기 사회 정서적 발달 정도를 예측하는 가장 강력한 변수는 애착에 근거한 전체 지원망의 품질과 관련이 있다".[09] 케모언(Kermoian)과 리더만(Leiderman)의 연구도 참고해 볼 만하다. 그들의 연구에 의하면 케냐의 구지(Gusii) 마을의 경우 보살피는 다수의 알로페어런츠들과 끈끈한 유대감을 형성한 아기는 유대감이 약하거나 불안한 아기보다 정신 발달 상태가 더 우수했다.[10]

수천 년 동안 이어져 왔고 지금도 특정 지역에서 실행되는 공동 방식의 육아와 양육의 정신을 마음속에서 음미하고 자신이 속한 양육 공동체의 품질을 평가해 봄으로써 무엇인가 배울 수 있기를 희망한다.

우리에게 좀 더 가까운 사례

그런데 당신이 일본의 고토섬이나 캐롤라인 제도에서 살지 않는다면 어떻게 해야 할까? 내가 소개한 엄마들의 이야기가 엄마로서 만들수 있는 지원망을 선택하는 데 도움이 될 수 있기를 바란다. 내가 공유한 이국의 사례들에서는 분명 영감이 넘친다. 하지만 그보다 덜 이국적이지만 우리의 공동체가 비교적 쉽게 실행할 수 있는 사례도 소개하겠다. 첫 번째는 1970년대 캐나다에서 육아를 시작한 여섯 자녀의 어머니이자 현재는 아홉 명의 손주를 둔 할머니의 이야기다.

그때는 지금과는 다른 시절이었지요. 우리 가족은 전업주부 엄마가 많은 단지에 살았어요. 그곳에 산 지 2년 정도 되었지만 지원망은 매우 촘촘한 상태였어요. 모두 아주 가깝게 지냈고 비슷한 사정인 사람들이 많았기 때문이죠. 이 두 가지 조건 때문에 우리는 늘 서로를 도울 수 있었어요. 아기 보기도 돌아가면서 했어요. 이 시스템이 잘 돌아가서 아기 보기 협동조합을 만들기도 했어요. 가입을 하고 다른 집 아이를 돌봐주면 포인트를 받아요. 당신의 아이를 누군가에게 맡기고 싶을 때는 조합원 중 한 명에게 전화해서 언제, 어느 시간에 우리 아이를 봐줄 수 있냐고 물어보면 돼요. 그래서 그 사람이 아이를 봐주면 당신의 포인트를 그 사람에게 주는 거예요. 포인트 사용을 감독하는 일은 조합원이 돌아가면서 했지요.

이 제도는 효과 만점이었어요. 일단 아이들이 여러 사람들의 집에서 시간을 보내면서 사람들을 사귈 수 있는 게 좋은 점이고 '신세를 졌는데 어떻게 보답하지?'라고 걱정할 필요가 없을 만큼 실행 방식이 쉬운 것도 장점이죠. 애를 맡겼는데 늦게 와도 전혀 문제 될 게 없어요. 그만큼 포인트를 더 주면 되니까요.

같은 단지 안에서 같은 일을 하며 가까이 모여 사는 엄마들 그룹에 속하게 되니 동지애라는 멋진 감정도 생겼죠. 그때 이후로는 그런 모임을 경험해 본 적이 한 번도 없어요.

아이가 다섯 명이 되었을 때 우리 가족은 에드먼턴의 벨그라비아로 이사를 갔는데, 전업주부가 많아서 그곳에서 육아를 하는 것도 아주 좋았어요. 옆집이랑 아주 친해져서 아이들은 두 집을 왔다 갔다 했지요. 그리고 길 건너편에 사는 두 집하고도 친해졌어요. 그중 한 집은 웅거 씨네인데 그 집 아들 피터는 우리 아이 하나랑 동갑이었어요. 그 아이는 늘 우리 집에서 지냈어요. 우리 집에서 일과표까지 만들어 줬다니까요. 피터는 지금도 우리 가족이랑 가깝게 지내요. 피터 덕분에 웅거 씨 가족과는 절대 인연이 끊어질 일이 없어요.

다른 가족과 긴밀한 우정을 키우는 또 다른 방법은 함께 휴가를 가는 거예요. 밤에는 아이들을 모아 놓고 함께 책을 읽어 주고, 물가에서 같이 놀고, 엄마들은 같이 요리를 해요. 캠프파이어를 할 때면 함께 옹기종기 모여 앉죠. 그 아이들이 지금은 다 커서 어른이 되었지만 지금까지 서로 가깝게 지내요. 여전히 끈끈한 유대감으로 묶여 있는 거죠.

아이들이 10대와 청소년기를 보낼 때 자기를 돌봐 주는 다른 어른이 있다는 걸 아는 게 정말 중요해요. 세상과 자신이 어떤 식으로 연결되어 있는지에 대해 신선한 시각을 갖게 되거든요. 부모님 말고도 자기를 알고 신뢰할 수 있는 어른이 있다는 것을 아는 건 아이들에게 아주 뜻깊은 일이에요.

막내딸 레이첼은 고등학교 친구들과 아주 친하게 지내요. 어릴 때 그 아이들은 서로의 집을 오가며 지내곤 했어요. 방과 후나 주말이면 서로의 집에서 시간을 보냈어요. 아이들은 크로스컨트리 대회, 음악, 자원 봉사 등으로 늘 바빴지만 짬이 날 때는 어떤 집에 가든 환영을 받았어요. 엄마들은 기꺼이 간식과 휴식 공간을 제공했지요. 10대 때는 그런 게 중요해요. 먹을 것과 갈 곳이 있는 것 말이에요. 딸과 딸 친구 모두에게 관심을 가지고 이야기를 하다 보니 엄마들끼리도 알게 돼서 일종의 엄마와 딸 모임이 되었어요. 자주 모이지는 못했지만 딸아이들이 친하니까 엄마들도 무척 가깝게 느껴졌지요. 그 엄마들 모두 레이첼의 결혼식에 와 줬어요.

아이들이 학교를 졸업한 지 6년이 되어 가는데도 여전히 1년에 한두 번 정도는 만나요. 딸들은 엄마들이 자신들을 사랑한다는 걸 알아요. 참 특별한 인연이죠. 자녀를 통해 다른 부모와 친분을 맺고 강력한 유대감을 발전시키는 일이니까요. 다른 부모들도 내 아이를 자기 자식처럼 사랑하니 가족이나 마찬가지가 되더라고요.

레이첼이 친구들이랑 잘 지낼 때 그 애 오빠인 데이비드도 레이첼이랑 비슷한 친구들이 있었어요. 데이비드의 친구들도 우리 집에 놀러 오는 걸 좋아했어요.

아이들은 밖에서 친구를 만나기보다 누군가의 집에 와서 교류하는 게 중요해요. 그 편이 안전하거든요. 하루는 남편과 외출을 했다가 집에 돌아와 보니 데이비드의 친구들이 와 있었어요. 현관 비밀번호도 알고 있기 때문에 들어와서 놀고 있었던 거죠. 아이들은 그걸 참 재미있어 했어요. 아이들이 우리 집을 있고 싶은 곳, 편안한 곳으로 여기는 것 같아 반가웠죠. 아이들은 함께 재미있게 지내는 법과 친구 집 어느 곳을 가든 부모들이 반겨 주고 신경 써 준다는 걸 알았어요. 참 멋진 경험이에요. ─ 콜린

콜린의 이야기는 많은 엄마들이 전업주부였던 시대로 거슬러 올라가긴 하지만 오늘날 전업주부 엄마와 일하는 엄마 모두에게 중요한 의미를 전해 준다. 콜린이 경험한 엄마와 딸 그룹에는 전업주부 엄마와 일하는 엄마 모두가 포함되어 있다. 콜린이 한 경험의 본질은 그녀의 가족과 같은 것을 지향하는 다른 가족이 서로 유대감을 쌓기 위해 애를 썼다는 데 있다. 그들은 집을 개방하고 자녀의 친구들을 그들의 공간으로 초대해 함께 삶을 나눌 수 있도록 하는 데 우선순위를 두었다.

다음은 유타 주의 한 엄마가 보낸 이야기이다. 여기에도 이웃끼리 서로의 자녀들을 받아들인 멋진 사례가 나온다.

나는 골목길에 사는 멋진 경험을 했습니다. "골목길"은 우리와 이웃들이 함께 붙인 이름인데요, 이곳에서 내 아들은 편안하게 이웃집 문을 두드리며 먹을 것이 없냐고 묻곤 했어요. 놀다가 유리나 가시가 박히면 간호사였던 이웃을 찾아가 치료해 달라고 부탁했어요. 겨울이 되면 눈으로 만든 커다란 요새가 세워져 아이들이 신나게 놀고, 여름에는 아이와 어른이 야구를 하며 밤늦게까지 시간을 보내곤 했어요. 한번은 크리스마스 때 아이들이 모두 하키 스틱을 가지고 나와 신나게 길거리 하키를 즐긴 적도 있어요. 이웃과 함께 정

원에서 채소를 기르고 조촐하게 휴가 파티를 계획한 일도 있어요. 아이들은 어떤 엄마든 자기를 도와주고, 아껴 주며, 필요하다면 꾸중도 한다는 것을 알고 있었어요. 엄마들끼리 대형 TV가 있는 집에 모여 영화를 보는 행사도 열었어요.

우리 모두가 하나의 공동체에 소속되었다고 느꼈고, 편안하게 옆집 문을 두드려 설탕을 빌릴 수 있는 이 특별한 곳에서 멋진 추억을 참 많이도 만들었어요.

엄마들에게 정말 필요한, 함께하는 삶을 촉진시키기에는 우리 문화가 너무 파편화되어 있다고 느낄 때가 있었다. 꽤 오랫동안 이 책의 2부를 쓰지 못했다. 실망하거나 낙담하는 것이 얼마나 쉬운지 나는 잘 알고 있다. 엄마들은 서로 함께했던 풍성한 시간의 역사를 가지고 있다. 하지만 전쟁 뒤에 질병이나 자연재해, 사회 변화가 일어나고 나서 사회 연결망이라는 공동체적 유대감을 다시 쌓기 위해 노력한 역사 또한 기억하고 있다. 살다 보면 안녕을 고하는 시간이 온다. 다른 사람과 연결되고 사랑하려 애쓰는 것은 고대부터 시작된 인류의 영원한 주제이다. 오늘날 우리가 마주한 도전과 어려움은 다루기가 매우 까다롭다. 하지만 변화를 꾀하려 시도하고 우선순위를 재고할 의지가 있다면 불가능한 일도 아니다.

2부에서는 엄마들이 부산스럽지만 활력 넘치는 아름다운 마을을 만드는 데 꼭 필요한 것들을 소개하겠다.

마을 만들기에
꼭 필요한
것들

2부에서는 우리가 서로 의존적이라는 점, 연결될 곳을 찾거나 만들어 내며 다양성을 포용하고 도움을 받아들이며 정서적 건강을 강화하고 동료 엄마를 도와주며 함께하는 삶에 대해 이야기할 것이다. 전업주부 엄마, 시간제로 일하는 엄마, 전일제로 일하는 엄마들에게 도움이 될 만한 것들이다. 이 세 그룹을 각기 다른 부류라고 볼 수 없다. 대부분의 여성들이 인생을 살아가며 이 세 가지 형태의 모습을 모두 보인다. 시기만 달리할 뿐이다.

당신이 어떤 상황에 처해 있든 이 책에서 제안하는 아이디어를 당신의 특별한 상황에 맞춰 이용할 수 있기 바란다.

수세기 동안 우리는 독립을 선언해 왔다.

하지만 이제는 서로 의지하겠다고

선언해야 할 때가 된 것 같다. ——— 티파니 쉴레인

아이를 낳았을 때 그 아이들이 나의 일부이며 우리의 행복은 영원히 연결되어 있음을, 즉 우리는 하나라는 걸 알았다. 엄마들은 '우리의 행복은 모두 연결되어 있다'는 현실을 온몸으로 인식한다. 당신이 시작한 곳에서 내가 멈추는 게 아니라 우리는 연결되어 있으며 그래서 행복하다. 이는 오직 엄마이기에 누리는 특권이기도 하다. 이 특권을 가지고 성스러운 산의 정상을 향해 가는 것이다. 엄마는 자녀에 관한 이와 같은 진실을 직관적으로 이해한다. 하지만 주변의 다른 사람들과 연결되어 있다는 사실은 종종 잊어버리기 쉽다.

찰리 토드(Charlie Todd)는 〈함께하는 기상천외함〉이라는 제목으로 테드(TED-Technology Entertainment Design) 강연을 한 적이 있다. 강연에서 그는 즉흥 이벤트에 대해 이야기했다.

토드는 2002년 '어디에서나 즉흥적으로'라는 뜻의 '임프루브 에브리웨어(Improv Everywhere)'라는 즉흥 이벤트 프로젝트를 시작했다. 그는 "임프루브 에브리웨어를 하는 이유 중 하나는 공공장소에서 타인이 긍정적인 경험을 할 수 있게끔 어떤 장면을 연출하기 위해서입니다. 일종의 장난이지만 이야기하기 아주 좋은 화제가 되죠"[01]라고 설명하고는 추운 1월의 어느 날 실시했던 프로젝트 한 가지를 이야기했다.

남자 일곱 명이 뉴욕 지하철에 탑승한다. 일곱 명이 각기 다른 역에서 지하철에 타는데 이들은 바지를 안 입었다. 다른 옷은 모두 갖춰 입고 바지만 입지 않은 남자들이 여유롭게 지하철에 올라탄다. 그리고 서로 모르는 사람인 척한다. 이 장면을 찰리 토드가 몰래 촬영한다. 첫 번째 남자가 지하철에 탔을 때 어떤 여성이 반응을 보이는데 그 모습을 카메라가 잡는다. 그녀는 일단 놀란다. 바지를 입지 않은 두 번째 남자가 지하철에 탔을 때는 약간 긴장한 모습이다. 그러다가 맞은편에 앉아 이 모습을 보고 웃고 있던 두 명의 덴마크 사람과 눈이 마주치자 생긋 미소를 짓는다. 그러고는 곧 웃음이 마구 터져 나오는 것을 애써 숨기다가 끝내는 한껏 웃게 되는 것이다.

여자가 웃음 짓는 순간을 보여 준 뒤 토드는 이렇게 말했다.

"저는 이 순간이 너무도 좋습니다. 함께 경험하고 있다는 것을 인지하기 전까지 그녀는 이를 약간 두렵거나 뭔가 혼란스러운 일이라고 여겼습니다. 그런데 누군가와 그것을 공유한다는 것을 알자 재미있는 일이 된 거죠."[02]

가장 충만한 삶은 우리가 함께하는 경험이 많아져서 결국 모두 공존한다는 것을 알게 될 때이다. 이런 힘과 공존의 중요성은 인간에게만 국한되지 않는다. 지구 아니 전 우주에 존재하는 아무리 작은 단위의 물질도 홀로 있지 않다. 원자는 양성자, 중성자 그리고 전자의 가족이다. 양성자는 중성자와 다르고 분명 전자도 양성자나 중성자와 다를 것이다. 사실 그런 차이 때문에 하나로 모아지는 것이다. 생명을 만드는 필수 단위인 원자가 홀로 고립된 존재로 있다면 아무 의미도 없다. 다른 원자와 결합해서 분자를 창조해 낼 때만 무엇인가 실속 있고 중요한 존재가 된다. 그리고 단백질, 지방, 탄수화물, 핵산과 같은 분자들이 모여 손을 맞잡고 분자의 사랑을 노래할 때 세포가 만들어질 수 있다. 하나일 때는 변변치 않은 세포가 같은 생각을 하는 세포들과 함께하면서 비로소 몸 전체가 행하는 작업과 똑같은 일을 한다.

당신의 몸에 있는 모든 작은 세포들도 당신과 똑같이 아침이 오면 식사를 한다. 세포는 음식을 소화시켜 에너지로 바꾸고 노폐물은 배출해 낸다. 당신과 똑같이 세포는 호흡을 하고 적절한 때가 되면 자신을 복제한다. 세포는 아주 작은 유기체와 같다.

우리 인간도 지구상의 인류 전체를 구성하는 단위다. 원자처럼 좋든 싫든 우리도 서로 연결되어 있다. 사람들은 연결되고 모여서 가족이라는 단위를 만든다. 가족이 모여서 공동체를 만들고, 또다시 공동체들이 모여 마을과 도시를 만든다. 마을과 도시는 모여서 주(州)를 만들고 이것이 모여 하나의 나라가 만들어진다. 세포들처럼, 몸속 장기들처럼 나라들도 서로 영향을 미친다.

우리가 사는 세상은 역사에서 특이한 위치를 차지하고 있으며 비즈니스와 경제적 이해관계로 인해 그 어느 때보다 서로 긴밀하게 연결되어 있다. 우리는 이 세상의 세포와 같다. 그래서 개인으로서 하는 일은 필연적으로 전체 세상에 영향을 미친다. 개인이 잔인하고 이기적으로 굴면 세상도 잔인하고 이기적이 된다. 반대로 개인이 평화롭고 사랑을 품는다면 세상 또한 평화롭고 사랑이 넘친다. 아주 작은 단계에서 일어나는 일이 거대한 규모를 압도할 만큼 커진다. 우리 모두 긴밀하게 연결되어 있기 때문에 개인의 선택이 공공에게 영향을 미치게 되는 것이다. 개인주의와 독립을 우선순위로 두는 철학을 발전시키는 것은 근시안적이고 위험한 방향을 선택하는 것이라 할 수 있다.

다음은 한 과학 관련 블로그(thebrainbank.scienceblog.com)에 실린 글로 세포가 자신을 위해 전체의 이익을 무시할 경우 어떤 일이 벌어지는지를 이야기한다. 제목은 「암, 좋은 세포가 나쁜 세포가 될 때」이다.

우리 몸에 있는 세포들은 대부분 각자의 본분대로 행동한다. 세포를 둘러싸고 있는 조직이 세포에게 증식하라는 신호를 보내면 세포는 두 개의 새로운 세포로 나뉜다. 오래되거나 손상되면 세포는 소멸 과정을 밟아 결국 사라진다. 이런 점에서 세포는 매우 이타적이다. 심지어 세포는 죽으면서 나머지 부분 모두를 작은 세포막 주머니로 묶어 다른 세포들이 와서 먹게 할 만큼 자비롭다. 그러나 암세포는 이타적이지 않다. 정상 세포들이 유기체 전체에 이롭도록 기능하는 반면 암세포들은 살아서 계속 증식하려는 자기만의 이익을 추구한다. 암세포가 생성돼 통제 불가능할 정도로 증식할 때 우리 몸에는 악성 종양 덩어리라는 문제점이 발생한다. 암세포는 개별 세포들이 몸 전체를 희생시켜 홀로 환경에 적응해 증가하는 능력을 보여 준다.[03]

건강한 세포는 몸 전체와 다음 세대의 세포를 위해 본분을 지키지만 암세포는 다음 세대의 세포는 물론 자신마저도 죽음으로 치닫게 만든다. 암세포에게는 자신의 이익과 생존이 동기 부여가 된다. 그러나 "다세포로 구성된 유기체가 생존하기 위해서는 팀 단위 작업이 이루어져야 한다. 역할이 특화된 세포들은 소화, 호흡, 순환과 같은 생명 유지 기능을 수행하기 위해 함께 일한다. 전체 공동체는 물론이고 복잡한 생명체로 발달하기 위해서는 이런 조직력이 중요하다."[04]

세포, 사람 나아가 전 세계 인구의 유사점을 찾기 위해 검색을 하던 중 페이스북의 "프랙탈리즘(Fractlism)"이라는 페이지에서 다음과 같은 멋진 글을 발견했다.

나는 자연과 우주의 가장 기본적인 양식을 인간이 알고 있는 모든 영역의 생명과 물질에서 발견할 수 있다는 사실을 확인할 때마다 마음이 평온해진다. 무엇이 되었든 최초의 시작점에서는 어떤 특정 양식을 가진다는 사실을 알면 마음이 평화롭다. 나무의 뿌리나 나뭇잎은 혈관 같다. 두 개로 갈라진 사람의 폐는 거대하고 웅장한 산에서 흘러 내려오는 물이 강바닥으로 유출되는 모양과 닮았다. 웅대한 대양의 파도는 음파, 의식의 파문, 빛의 파동, 거대한 폭탄이 터지고 난 뒤의 여파와 비슷하다. 가장 작은 세포의 체세포 분열은 머나먼 은하수에서 가장 커다란 적색 왜성의 가장 큰 초신성 폭발과 닮아 있다. 자연의 모든 양식은 크든 작든 무한대의 방법으로 반복을 거듭한다.[05]

작은 원자는 혼자서는 아무것도 아니지만 다른 것과 함께할 때 온 세상과 우주 그 이상이 된다는 진실을 알고 있으며, 그런 진실을 몸소 실천한다. 우리 엄마들은 이 부분에서 교훈을 얻을 수 있다. 이슬람 신비주의 시인인 루미는 이렇게 말했다. "그대는 대양에 떨어진 한 방울의 물방울이 아니다. 그대는 하나의 물방울로 이루어진 대양이다."

작은 물방울로 이루어진 대양이 된다는 것은 설명보다는 느낌을 통해 알 수 있다. 우리는 중요하면서 동시에 중요하지 않다는 느낌을 준다. 가장 큰 존재와 가장 작은 존재에게 중요성과 위대함을 부여하는 일은 겸손함과 당당함을 동시에 갖추는 일이다. '나'라는 물방울을 크게 확장해서가 아니라 다른 물방울들과 합쳐질 때 우리의 위대함이 만들어진다.

우분투(Ubuntu)라는 단어는 남부 아프리카에서 기원한다. 지역에 따라 조금씩 다르게 진화해 왔지만 의미는 공동체와 상호 의존의 본질에 대한 것이다.

루스벨트 대통령은 1903년에 건강한 국가적 삶에 대해 연설을 할 때 개인의 복지와 안녕은 근본적으로 우리 모두의 복지와 안녕에 달려 있다는 우분투의 원칙을 넌지시 내비쳤다.[06]

마틴 루터 킹 목사도 1965년에 오벌린 대학 졸업생들 앞에서 연설을 할 때 우분투의 본질을 요약해 말했다.

> 내가 말하고자 하는 것을 간단히 요약하면, 인류 모두는 하나로 묶여 있다는 것입니다.
>
> 모두의 삶이 서로 연결되어 있고, 우리 모두 빠져나갈 수 없는 상호성이라는 이름의 연결망에 걸려 운명이라는 이름의 직물을 짜고 있습니다. 한 사람이 직접적으로 영향을 미치는 것은 무엇이 되었건 모두에게 간접적으로 영향을 미칩니다. 정확하게 알 수 없지만 어떤 기묘한 이유 때문에 당신이 되어야 하는 그 무엇이 되어야 나도 내가 되어야 하는 그 어떤 것이 될 수 있습니다.
>
> 내가 내 운명을 실현하기 전까지는 당신 또한 당신의 운명을 실현할 수 없습니다. 이것이 서로 얽혀 있는 진실의 구조입니다.[07]

데스몬드 투투(Desmond Tutu) 대주교도 우분투적 시점에 대해 이야기했듯 우분투는 "내가 생각하기 때문에 내가 있는 것이 아니다. 그보다는 내가 어딘가에 속해 참여하고 공유하기 때문에 인간이라는 것, 본질적으로 당신으로 인해 내가 있다"는 개념이다.

"당신으로 인해 내가 있다"는 생각은 참으로 강력하다. 이를 엄마와 아이의 관계에 적용시킬 방법을 생각해 내기는 그리 어렵지 않다. 아이가 없다면 나는 엄마로서 존재할 수 없다. 그러나 현실은 우리 모두 이웃, 공동체 그리고 국가 속에서 상호 연결되어 있다. 우리 옆에 서 있는 여성, 소녀 들의 지원을 받고 그들의 힘으로 우리가 존재하는 것이다.

데스몬드 투투 주교는 1999년 책에서 우분투에 대해 다음과 같은 정의를 내렸다.

> 우분투적 인간은 …… 그가 보다 큰 전체에 속해 있음을 알기 때문에 적절한 자신감을 갖는다. 다른 이들이 모멸감이나 고통, 압제를 당하면 그도 약해진다.
>
> 우리나라에는 인간의 본질을 의미하는 우분투라는 말이 있다. 우분투는 고립되어서는 인간으로 존재할 수 없다는 사실을 꼭 집어 말한다. 우리는 서로 연결되어 있고 당신 혼자서는 인간일 수 없다. 우분투적 품성이 있을 때 당신은 너그러운 사람이 될 수 있다. 우리는 스스로를 분리되어 있는 개인으로 볼 때가 많지만 실은 연결되어 있기 때문에 당신이 하는 일은 전체 세상에도 영향을 미친다. 당신이 좋은 일을 한다면 그것이 퍼져 나가 인류 전체에 이로운 영향을 미친다.[08]

사람들은 화합과 사랑에 대해 이야기하는 것을 좋아한다. 사랑과 선의가 가지고 있는 의미, 감정 그리고 따뜻한 느낌을 좋아한다. 옳은 것이기 때문에도 좋다. 차이를 극복하고 화해하는 데 진정한 답은 사랑이다. 하지만 이런 우분투적 사랑을 실천한다고 주장하는 추악한 비즈니스는 정작 우분투 이론과 동떨어진 느낌을 주기도 한다.

TV 코미디 시리즈 〈포틀란디아(Portlandia)〉를 보면 어떤 가게 이야기가 나온다. 그 가게 사람들은 새를 좋아해 물건에도 새 그림을 붙인다. 여기저기 새 문양을 붙이고, 베개에는 새 그림을 자수해 넣는다. 모든 곳에 새 그림을 붙인 어느 날 영업을 위해 문을 열었는데 비둘기 한 마리가 날아 들어왔다. 새가 들어와 여기저기를 날아다니자 가게 사람들은 흥분해서 어쩔 줄 몰라 한다. 이윽고 한 남자가 비둘기에게 꽃병을 던져 죽였다.

무엇인가에 대한 아이디어와 그것을 실천하는 것은 완전히 다를 수 있다. 연결된 존재로서 함께 일하는 것은 무한한 만족감을 줄 수 있는 일이다. 이론적으로 볼 때는 멋지고 매력적일 수 있다. 하지만 결정을 내리고 실행할 때 서로 연결되어 있는 상태는 분열적이 될 수 있다. 그룹으로 함께 일할 때 서로의 이해관계가 충돌하는 일은 다반사로 일어난다.

충돌은 피할 수 없다. 특히 연결된 그룹으로서 우리의 결정은 서로에게 영향을 미친다. 자연에서도 이를 쉽게 발견할 수 있다. 다큐멘터리 영화 〈아이엠(I am)〉을 예로 들어 보겠다. 이 영화에는 사슴 떼의 의사결정 과정에 대해 이야기하는 부분이 나온다. 인터뷰 대상자는 언제, 어떤 물웅덩이를 향해 떠날지를 결정하는데 사슴들 사이에서 이해관계가 부딪히는 때가 있다고 설명한다. 흔히 사람들은 우두머리 수컷이 결정을 내릴 거라고 추측하지만 실은 민주적인 과정을 거쳐 결정이 이루어진다. 사슴 한 마리가 어떤 물웅덩이를 발견한 다음 또 다른 사슴이 보고, 계속해서 그 물웅덩이를 보는 사슴이 늘어나 전체 중 51퍼센트가 같은 방향을 바라보면 그때 결정이 나고 사슴들은 그 물웅덩이를 향해 이동한다.

이 다큐멘터리 영화에서 인용한 글을 살펴보자.

> 가령 휴식을 마친 뒤 어디로 이동할지를 결정하는 영장류 그룹, 채집 시기를 결정하려는 소규모의 새 떼, 새로운 집터를 결정하는 벌 떼 등을 생각해 보자.
>
> 이들 그룹 모두 모든 구성원이 똑같이 행동하기로 결정하지 않으면 그룹은 쪼개지고 각 구성원들은 그룹 생활에서 얻는 수많은 이점을 잃어버릴 것이다.[09]

사슴 떼의 결정처럼 우리 여성이 내리는 모든 결정은 주변 다른 여성의 선택과 기회에 영향을 미친다. 우리 모두 알고 있다, 우리가 내리는 선택이 전체 무리에게 영향을 미친다는 것을. 다시 한 번 우리는 모두가 삶이라는 이 거대한 잔치에 하나로 묶여 있다는 것을 인식한다. 그렇기 때문에 엄마들 사이에서는 언제든 마찰이 일어날 잠재성이 있다. 무리가 가는 방향을 나 혼자 결정하는 게 아니기 때문에 많은 사람들이 가길 원하지 않는 물웅덩이를 쳐다보는 사람을 보면 화가 날 수 있다.

엄마들 사이에서는 심각하게 이해관계가 충돌할 수 있다. 결정을 내릴 때마다 사실상 우리는 어떤 특정 물웅덩이를 향해 눈을 돌리는 것이다. 책을 쓰고, 물건을 사고, 직업을 선택하는 등 무엇이든 결정한다는 것은 표를 던지는 행위, 결정을 하는 행위인 것이다.

이런 진실을 마주한 채 우리는 또 다른 진실로 향하는 길을 찾아야 한다. 지금 이 순간 대부분의 엄마들이 그들 앞에 놓인 수많은 도전에 대해 할 수 있는 최선의 노력을 하고 있다. 결코 맞지 않을 것 같은 이불커버를 들고 길을 찾으려 애쓰고 있다. 그 길에는 표지판이 없으며, 길의 형태조차 갖추어지지 않은 때도 많다. 규정된 방법이 있는 것도 아니다. 선택지가 많다는 것은 자유로움을 의미하지만 동시에 난감함을 느낄 수도 있다. 지금 우리가 서 있는 이 특별한 역사의 자리는 그 어느 때보다 많은 다양성과 생활방식을 만들어 내고 있다. 경험을 많이 공유하지 않으면 테레사 수녀도 말했던 "우리는 서로에게 속해 있다"는 기본적인 공통성을 잊어버리기 쉽다.

원자는 양성자 그리고 전자와 '서로 다름에도'가 아니라 '서로 다르기 때문에' 함께 어우러져 멋진 작업을 한다는 사실을 기억하자. 그러면 상호 의존은 모두가 똑같아야 한다는 의미가 아니라는 것을 쉽게 받아들일 수 있다. 공동체에 진실한 것과 자기 자신에게 진실한 것 사이의 균형을 잘 잡아야 한다. 나는 우리 모두가 서로를 서로에게로 이끄는 걸 선택하기 원한다. 그렇게 하기로 한 결정을 기억하면 우리는 특별한 방식으로 공동의 길을 함께 걸어가게 될 것이다.

다양성에 대해
깊이
인식하기

어느 날 나는 친구 킴에게 아이들을 데리고 얼음을 보러 갔던 일을 이야기했다. 내 아이들과 아이 친구 몇 명을 함께 데리고 도시를 관통해 흐르는 강기슭을 따라 얼음을 관찰한 이야기를 들려줬더니, 킴은 내 행동에 찬사를 보냈다. 같은 이야기를 다른 엄마들에게 이야기할 때는 아이들에게 하는 안전수칙과 겨울 얼음이 얼마나 위험할 수 있는지에 대한 주의사항을 알려 준 내용도 빼놓지 않았다. 그리고 나는 소심하게 이런 말을 덧붙였다.

"스크류 드라이버와 망치를 가져가야 할 때도 있지만…… 아무튼 아이들이 얼음을 조금씩 쪼아 낸 뒤 다양한 얼음조각 보는 걸 참 좋아해요."

킴은 이야기를 듣더니 웃으면서 이렇게 말했다.

"우아, 아이들이 정말 좋아했겠어요. 나는 우리 아이들에게 그런 걸 해 준 적이 없거든요."

질투나 방어적 태도가 아닌 순수한 칭찬이었다.

하루는 킴이 매일 일찍 잠자리에 드는 요령을 설명해 주었다. 킴은 매일 5시 30분에 일어나 운동, 명상을 하고 다섯 아이를 위해 따뜻하고 맛있는 아침 식사를 차려 먹인 뒤 제시간에 맞춰 모두 학교에 보낸다고 했다. 나는 입이 떡 벌어져 다물지를 못했다. 마법을 보는 느낌이었다. 그렇게 계획을 잡는다는 것 그리고 그 모든 일을 일관성 있게 해낸다는 것이 믿어지지 않았다. 킴에게 도저히 일어날 수 없는 일처럼 들린다고 말했다. 우리 집에서는 그토록 놀라운 마법은 절대 일어나지 않을 것이다. 킴과 나는 우리가 완전히 다르지만 각자가 가진 진가를 알아보고 즐거워했다.

협력은 마을 만들기에 중요한 구성 요소이긴 하지만 차이를 다루는 작업은 결코 쉽지 않다. 나와는 다른 개성을 가진 수많은 사람들과 나의 관계가 항상 킴과 나의 우정만큼 매끄럽지는 않으니 말이다.

균형을 맞추는 자연의 놀라운 활동

멕시코에 있을 때 남편과 함께 아열대 낙엽수림에서 하이킹을 한 적이 있다. 숲에 갈 때마다 나는 위대함 속에 있는 느낌을 받는다. 우리를 인도하는 이국적인 안내원과 함께 미지의 숲을 탐험하는 것이 너무도 좋았다. 안내원이 우리가 방문한 숲은 우기에는 충분한 양의 비를 맞기도 하지만 비가 오지 않는 기나긴 건기도 견뎌 내야 한다고 말했다. 이렇게 비가 오지 않는 기간 동안 나무는 물을 간직하기 위해 자연스럽게 잎을 떨어뜨린다. 많은 나무가 물을 간직하기 위해 잎을 떨어뜨리면 태양 빛이 좀 더 쉽게 숲의 바닥까지 도달할 수 있는 것이다. 이렇듯 숲은 신중하고 현명하다.

우거진 숲에 들어와 있으니 주변 공기에 아름다움, 평화, 조화로움의 향기가 묻어 있는 듯했다. 안내원은 우리가 멈춰 서 있는 곳 옆에 있는 어떤 나무에 대해 이야기했다. 그 나무는 너무 크게 자라면서 태양 빛과 물을 모두 독차지해 그 밑에 있는 나무를 죽이고 있다고 설명했다. 마치 외계 생물의 침입이거나 적대적 인수합병, 군사 쿠데타가 떠올랐다.

그 말을 듣고 나니 평화롭고 고요한 숲이 더 이상 유순해 보이지 않았다. 자연이 그토록 경쟁적이고 무자비해질 수 있다니 놀라웠다. 하지만 자연은 생존에 필요한 만큼만 취한다. 자연은 생물다양성을 통해 조절되는 천연 식욕 억제제를 가지고 있다. 생물다양성은 어떤 생태계에서나 꼭 필요하다. 투자의 제1법칙이 위험을 분산하기 위해 상품의 종류를 다양하게 구성하는 것이듯 생태계도 구성원들이 약해질 때 회복시키는 역할을 하는 다양한 기능과 인자를 보유해야 한다. 균형 잡힌 생태계에서는 견제와 균형이 자연스럽게 이루어진다. 대립은 결국 자연이 균형을 맞추는 행위에서 꼭 필요한 요소인 것이다.

이런 대립 상황은 동, 식물 그리고 인간에게 꼭 필요한 것이지만 다루기는 매우 까다롭다. 사람들은 이해관계에 반하는 것은 간단하게 없애 버리는 게 낫지 않을까 생각하기 마련이다.

수십 년 전 그런 생각을 했던 어부들이 있었다. 그들은 물고기를 너무 많이 잡아먹는 고래를 죽여 없애자는 캠페인을 벌였다. "내셔널 지오그래픽-야생" 프로그램 중 〈고래의 삶〉 편을 보면 행정 당국은 어획량을 늘리기 위해 처음에는 어부들의 의견에 동의해 고래 포획을 허가했다. 자연의 라이벌을 없애는 게 대안이 되겠다고 생각한 것이다.

어부들이 고래를 포획하기 시작하자 처음에는 물고기가 늘어났다.

그런데 그 지역에 육식을 하는 범고래들은 주로 어린 고래들을 먹이로 삼았는데 어린 고래의 숫자가 줄어들자 바다표범 같은 동물들을 잡아 먹게 되었다. 그리고 바다표범도 개체 수가 줄어들자 수달로 눈을 돌렸다. 범고래가 수달을 잡아먹으니 수달의 숫자가 현저히 줄어들었다. 그러자 이번에는 수달이 먹이로 삼는 성게, 게, 전복, 조개, 홍합, 달팽이가 확 늘어났다. 엄청나게 늘어난 수달의 먹이들은 물고기의 알들이 보호받으며 성장하는 장소인 다시마 숲을 몽땅 먹어치워 초토화시켰다. 다시마 숲이 없어지면서 물고기 알은 여러 바다 생물의 쉬운 표적이 되었다. 결론적으로 어부들이 언뜻 성가셔 보이던 고래를 없애면 늘어날 거라 생각했던 물고기가 반대로 더 줄어 버리는 결과를 가져왔다. 어부들의 논리와는 반대로 고래는 그들의 경쟁자가 아니라 파트너였던 것이다. 고래가 바다 생물의 다양성에 기여하는 양상은 어부들에게 불이익을 가져오는 것처럼 보였지만 실은 그 반대였다.

엄마들이 다른 엄마들과 차이점을 발견하고, 그들을 서로를 풍요롭게 만드는 파트너가 아닌 대립을 불러오는 경쟁자로 인식할 경우, 앞선 고래 포획으로 인한 결과가 엄마들 사이에서도 일어날 수 있다. 사람들에게는 모두 똑같이 풍요롭고 풍부한 상호 의존적 다양성이 있다. 더불어 작업하는 방법을 배운다는 것에는 관용을 넘어 서로의 진가를 인정하는 법을 배우는 것이 포함된다.

성격적 특성과 문제, 성가신 것, 장애물 또는 우리를 약화시킨다고 생각하는 방식이 간접적으로 우리의 생존에 큰 도움이 될 수 있다.

우리 마을 안에서 다양성의 진가를 인정하는 법을 배우고 차이와 다름이 어떻게 마을을 강력하게 만들어 주는지 깨달을 때 마을은 모두의 다양한 기술과 기여로 인해 번영할 것이다. 다양성을 끌어안으면 연결과 교류가 더욱 촉진된다.

아름답고 멋진 우리의 정신

사회심리학자 토머스 암스트롱(Thomas Armstrong)은 주의력 결핍 장애(ADHD), 자폐증, 우울증, 정신 분열증, 기분 장애, 지적 장애를 살펴본 저서 『신경다양성(The Power of Neurodiversity)』에서 신경적 다양성을 가짐으로 진화의 측면에서 이점을 누릴 수 있었다고 설명한다.

"신경다양성"이라는 단어가 처음으로 인쇄물에 소개된 것은 1998년 『애틀랜틱(Atlantic)』지 9월호에 실린 기자 하비 블룸(Harvey Blume)의 기사에서이다.

"생명체 모두에게 생물다양성이 중요하듯 신경다양성은 인간에게 매우 의미가 크다. 어떤 특정 순간에 이러이러한 뇌 배선이 가장 적당하다고 누가 자신 있게 말할 수 있을까? 예를 들어 인공두뇌학과 컴퓨터 문화의 시대에는 어느 정도 자폐적 정신이 유리할 수 있다."

문명은 저마다의 방식으로 영재성을 정의한다. 종교적 의식에 의존해 사회적 결속을 도모한 고대 문화에서는 신의 목소리를 듣는다는 조현병이나 의식을 정확하게 실행하는 강박증을 가진 이가 재능을 가진 것으로 여겨졌을 것이다. 심지어 오늘날에도 어떤 사람이 재능을 가졌는지 장애를 가졌는지의 정의는 그가 적절한 시기에 적절한 장소에 있었느냐에 따라 달라지는 듯하다.[01]

다양성은 인류가 번성하기 위해서는 꼭 필요하다. 다양성을 이해함으로써 우리는 좀 더 쉽게 마을의 다른 사람이 지닌 진가를 인정하고 사랑할 수 있다. 불교의 창시자인 고타마 싯다르타 왕자도 "모든 것이 완전하다는 것을 깨달을 때 당신은 고개를 뒤로 젖혀 하늘을 보고 웃을 것이다"라고 말하며 다양성의 가능성을 봤다.

작게 축소시킨 뒤 그것을 세세히 관찰하면 모든 것이 정말 완벽하다는 것을 알 수 있지만, 수렁에 빠져 있을 때는 그다지 대단해 보이지 않을 수도 있다. 전체 우주적 차원에서는 완벽하다 해도 다양성은 필연적으로 갈등, 긴장 그리고 좌절감을 야기한다. 그러나 다양성을 끌어안는다는 것은 우리가 서로를 믿고 차이를 존중해야 한다는 의미다.

나도 다른 사람들과 조금 다른 점이 있는데 바로 주의력 결핍 장애가 있다는 것이다. 신경 정신과 의사를 만나 진료를 받기 전까지 나는 자신에 대해 그리고 우리 모두의 다양성에 대해 잘 몰랐다. 그런데 나의 남다른 점이 나뿐 아니라 사회 전반에도 이점이 될 수 있다는 것을 알게됐다.

주의력 결핍 장애가 있는 사람은 다른 사람보다 도파민 수용체가 적다. 도파민 수치가 낮으면 기분이 좋지 않기 때문에 뇌에 도파민 분비를 늘리기 위해 여러 가지 경험을 하려 노력한다. 이는 어떤 면에서는 장점이 되고 또 다른 측면에서는 단점이 된다. 연구자들에 의하면 도파민 수용체가 적은 사람은 수렵-채집 사회에서는 그룹원들 중 영양 상태가 가장 좋았다. 이와 반대로 농경 사회에서는 영양 상태가 가장 나빴다. 주의력 결핍 장애 뇌가 분비하는 화학 작용의 힘을 이용하여 하는 사냥은 재미가 있다. 하지만 천천히 이루어지는 농경은 다른 성격 유형을 선호한다.

내게 결함이 있는 게 아니라 잘하는 것이 다른 사람들과 다를 뿐이라는 것을 깨달았다. 통계학적으로 볼 때 주의력 결핍 장애가 있는 사람들은 감옥에 투옥되고, 이혼하고, 해고당하고, 실수로 임신하거나 약물에 중독될 위험이 더 크다. 또한 나 같은 사람들의 장점은 재미있고, 역동적이며, 창의적이고 용감하다는 것이다. 우리는 다른 사람들은 불편하게 느낄 위험을 감수하고, 다른 사람들이 규정하지 않은 방법으로 생각하기를 갈망한다. 핵심적으로 말하면 우리는 각자 고유한 능력을 가지고 있으며 뇌가 배선되어 있는 방식에 따라 각자 독특한 방식으로 사회에 기여한다는 것이다.

이는 누구에게나 진실이다. 우리는 큰 그림이라 할 수 있는 거시적 도덕률과 개인에게 초점을 맞춘 미시적 도덕률, 두 가지를 가지고 있다. 모두가 사랑의 가치를 우선시하는 거시적 도덕성에 동의한다면 우리가 사는 세상은 더 나은 곳이 될 것이다. 나는 온 인류가 신성한 사랑을 가치로서 포용하기 바란다.

반면 미시적 차원의 도덕률은 절대적이지 않다. 소통 방식, 창의성의 형식 또는 학습 방법 면에서 어떤 사람에게는 이점이 되는 특성이 다른 사람에게 똑같이 이롭지 않고 그만의 능력을 발전시키는 데 방해가 될 수도 있다.

나의 엄마는 내가 아는 사람 중 가장 효율적이며 체계적인 사람이다. 엄마의 우선순위는 언제나 확실하고 선명하다. 엄마는 거침없이 할 일의 목록을 만들고 점검한다. 일에 대해서는 뭐든 확실하게 해내는 원더우먼 같다. 엄마는 자신의 능력을 강화하고 지원하는 개인의 도덕률도 개발했다. 엄마의 도덕률에는 엄마가 부여하는 가치가 많다. 생산성, 효율성, 질서 그리고 고요한 환경이 엄마가 중요시하는 가치다. 엄마의 도덕률을 구성하는 모든 가치는 엄마의 능력을 개발하는 데 도움이 된다. 엄마는 효율적이면서 생산적으로 B에서 A를 얻을 수 있다. 엄마는 A의 특성에 대해 의아해하거나 B가 다른 차원에 존재하는지 궁금해하지 않는다.

나의 도덕률은 엄마와는 조금 다르다. 내 능력을 강화하는 가치는 호기심, 대담무쌍함, 창의성, 진실 그리고 경이로움이다. 나는 엄마의 가치를 이용해 성장하지 않았고 엄마도 내 도덕률 체계를 필요로 하지 않는다. 엄마에게는 엄마의 것이 필요하다. 우리 모두 그렇다.

엄마는 잡동사니로 가득한 내 차 안을 볼 때 또는 아무짝에도 소용없는 일에 푹 빠져 있는 나를 볼 때마다 혼란스러운 얼굴을 했다. 엄마는 종종 내게, "정리되어 있는 집을 보면 기분이 좋지 않니?"라고 묻곤 했다. 그러면 나는 솔직하게 그렇다고 대답을 한 적이 없다. 나는 정리된 상태를 유지하기 위한 질서, 꾸준함, 단조로움에서 평화를 느끼지 못한다. 오히려 갇힌 것 같아 안절부절못하게 된다. 엄마는 내가 평화로운 삶을 추구한다고 생각하지 않는데 그것은 엄마와 내가 평화로움을 느끼는 방식이 다르기 때문이다. 엄마와 내가 이 점에 대해 이해의 폭이 넓어지면서부터 서로에 대한 존중이 깊어지고 각자의 방식을 인정할 수 있었다.

어떤 사람이 자신의 도덕률과 다른 사람의 도덕률이 똑같다고 생각하거나 또는 똑같아야 한다고 생각할 때 심각한 갈등이 일어날 수 있다. 이렇게 잘못된 전형을 피하면 갈등을 방지하는 데 도움이 된다. 하지만 아무리 마음을 열고 이해하려 애써도 우리가 사랑하는 많은 이들의 복잡성을 완전히 이해하지는 못할 것이다. 그런 복잡성을 이해하는 과정에서 필연적으로 긴장이 따라오기 마련이다.

불협화음에서 아름다운 화음으로

사랑은 인내, 지혜 그리고 수고를 필요로 한다. 사랑을 실천하는 데 또 다른 중요한 단계는 사람들과 연결되고 나누며 협력할 때 필연적으로 수반되는 갈등이나 긴장과 평화를 이루는 것이다. 긴장은 그리 심하지 않아 보일 수 있다. 나 또한 개인적으로 다른 사람과의 분쟁과 갈등을 즐겨 일으키는 사람을 알지는 못한다. 하지만 위대한 이야기에는 거의 항상 갈등과 긴장이 들어가 있다. 당신의 삶의 이야기가 멋진 고전이 되기 바란다면 일정 부분 긴장이 존재해야 한다. 다양한 개성을 가진 사람들이 협력을 하려고 하다 보면 분명 긴장이 생기기 마련이다.

고등학생 때 언니는 학교에서 열리는 음악제에 참가하기 위해 밴드 연습에 한창이었다. 연주가 끝나고 평가하는 시간이었다. 그 밴드를 이끄는 리더는 음악을 연주할 때 긴장과 이완이 얼마나 중요한지 이야기 했다. 불협화음이 긴장을 만들어 내는데, 긴장의 강력한 힘은 더욱 조화로운 선율을 통해 이완된다는 것이 이야기의 요지였다.

그런데 리더가 갑자기 이야기를 멈추고 언니를 바라봤다. "잠깐"이라고 말한 그는 언니에게 일어나라 하고는 이렇게 말했다. "그래, 너 말이야. 네게 말하는 거야. 무슨 근거로 내가 하는 말을 듣지 않아도 된다고 생각하는지 모르겠지만 나는 지금 건설적인 비평을 하기 위해 일부러 이런 시간을 갖는 거야. 너는 그저 내가 하는 말을 듣기만 하면 돼."

내내 열심히 그의 이야기를 듣고 있던 언니는 당황해서 눈을 크게 뜨고 긴장한 채 리더를 바라봤다. 그는 곧 이렇게 말했다. "농담이야. 네가 내 말을 경청하고 있었던 것 알아. 그저 핵심을 강조하려고 했던 거야." 그제서야 언니는 한숨을 쉬었다. 혼란과 안도감이 섞인 한숨이었다. 그러자 리더가 이렇게 말했다. "저게 바로 이완이지."

조화로운 불협화음을 통해 만들어지는 긴장은 음악에서 필수적인 요소일 뿐 아니라 삶에서도 필요한 부분이다. 늘 긴장과 이완은 반복될 것이다. 우리는 다른 이와의 긴장을 피할 수 없지만 사랑과 친절 그리고 기도하는 마음으로 긴장에 접근할 수 있다. 그런 식으로 접근하는 법을 연습하고 받아들이면 불협화음을 해소하고 행복한 이완을 할 수 있다.

결혼처럼 작은 단위의 결합에서 오는 긴장은 대부분 다르기 때문에 발생한다. 그 다름은 "그는 사과 파이를 좋아하는데 그녀는 블루베리 파이를 좋아해" 정도의 차이를 말하는 게 아니다. "그는 사과 파이를 좋아하는데 그녀는 사과를 너무 싫어해서 '사과' 소리만 들어도 몸서리를 쳐" 정도의 심각한 차이를 말한다. 하지만 정확하게 그런 차이 때문에 두 사람이 애초에 하나로 결합하게 된 것이다. 차이는 서로 균형을 맞추고 보완을 해 준다. 이런 작은 단위에서의 긴장 현상은 훨씬 더 큰 상황에서도 똑같이 일어난다. 사람들이 서로 다른 것은 우리가 생존하고 번영하는 데 꼭 필요하다. 우리 각자는 커다란 퍼즐을 구성하는 조각이다. 퍼즐 조각 하나는 그 자체로 아무 의미가 없지만 전체 퍼즐 조각이 맞춰져 완성된 그림은 의미 있는 작품이 된다.

우리는 우선순위, 에너지, 집중, 건강하고 다양한 그룹에서 필연적으로 발생하는 긴장 면에서 모두 다르지만 함께 부르고 들을 수 있는 조화의 노래가 있다. 바로 사랑의 노래다.

가장 깊고 진실한 선율로 사랑을 받아들이지 않으면 우리의 다름은 불화로 이어지고 결국 긴장 상태에 갇혀 꼼짝하지 못하게 될 것이다. 그런 긴장의 시간에 하느님에게 "하느님은 누구의 편인가요?"라고 물으면 하느님은 "나는 모두의 편이다"라고 대답할 것이다. 내가 사랑하는 친구는 이렇게 말했다. "그들은 없어. 오직 우리만 있을 뿐이야"라고.

큰아들이 축구하는 모습을 보고 있는데 갑자기 코치가 격앙된 목소리로 퉁명스럽게 소리를 질렀다. "축구장에서는 손을 잡고 있는 게 아니야!" 윌리엄 팀의 두 소녀가 경기 도중 손을 잡고 있는 모습을 보고 하는 소리였다. 사실 처음이 아니었다. 몇 달 전에도 경기 중 윌리엄 팀의 여자아이 둘이 경기장에서 서로 손을 맞잡고 계속해서 빙글빙글 도는 모습을 본 적이 있다. 축구 경기는 안중에도 없이 왜 그러는 걸까? 의심할 여지없이 여자아이들은 축구보다는 함께 노는 게 더 좋았던 것이다.

여성들 중에는 매우 여성적인 유형, 반대로 극도로 남성적인 유형 그리고 중간 유형이 있다. 여자아이라고 모두 다 축구 경기장에서 손을 잡고 빙글빙글 돌지는 않는다. 또 모두 다 화환을 만들거나 새로 나온 구

두 이야기를 좋아하지도 않는다. 하지만 우리 여성이 가진 일반적인 강점을 인정하고 존중하는 것이 중요하다고 생각한다. 여성은 삶, 아름다움, 가정 그리고 사랑을 일구어 내는 위대한 유산을 물려받았다. 집단으로서 여성은 연결과 소속의 매개 역할을 해 왔다. 역사를 보면 남성들이 창조, 혁신, 발견, 영웅주의의 이야기를 만들어 가는 이유가 여성 때문이었던 경우가 많다. 역사책을 수놓는 수많은 이야기는 기본적으로 동일한 뼈대를 갖추고 있고 거기에 다양한 변주가 이루어진다. 다음 세대를 길러 내기 위해 협력해 일하며 남성의 마음을 지키는 이(바로 그들 미래의 창조자들)를 보호하고 지원하려는 남자들의 이야기인 것이다.

여성이 자녀를 생산하는 일을 할 때, 집단으로서 엄마의 두 가지 강점, 즉 연결하는 능력과 협력 작업을 지원하는 능력이 중요하다. 이런 강점으로 무장한 엄마들이 하나의 집단으로 뭉치면 엄청난 힘을 발휘할 수 있다.

이렇게 중요한 연결과 교류 작업을 보호하려 노력한 결과 여성은 관계에 있어 미묘한 차이를 감지해 내는 특별한 통찰력을 가지게 되었다. 특별한 훈련 없이도 여성은 감정과 인간관계의 복잡성을 간파할 수 있는 재능을 가진 경우가 많다. 이런 재능은 유전자와 호르몬 구성과 밀접하게 연관되어 있다.

캘리포니아 클레몽트 대학교 대학원의 신경경제학연구센터 창립 이사인 폴 잭(Paul Zak)은 여성들에게는 풍성한 사회 연결망을 가지는 것과 호르몬 사이에 한결같은 일관성이 있다는 것을 알아냈다. 그는 2011년 테드 회의에서 호르몬과 신경학적 측면에서 남성과 여성은 차이가 있다는 연구 결과를 소개했다. 잭은 10년 이상 연구한 결과 여성이 남성보다 옥시토신을 훨씬 더 많이 배출한다는 사실을 알아냈다고 발표했다. 여성이 엄마가 되면 수치가 올라가는 옥시토신은 사회적 연대를 일으키는 동기부여 역할을 하는데, 잭은 이 호르몬이 신뢰할 수 있고, 너그러우며, 연민하고, 공감하는 특성과 관계가 있다고 보았다. 여성의 몸에서 에스트로겐 분비가 많을 때는 옥시토신 수치도 가장 높으며, 인간관계에 대한 인식도 생애 그 어느 때보다 더 강렬할 것이라고 보았다.[01]

생리학적 차이 때문에 남성과 여성은 문제에 대해 다르게 반응하고 인간관계에서 우선순위를 결정하고 유지하는 방식도 달리한다. 여성은 출산하고 수유를 하는 동안 남성보다 옥시토신을 더 많이 배출한다. 그래서 우리 여성은 스스로 마을 만들기 작업을 할 때에도 관계 형성을 우선순위에 둔다.

새러 하디는 인류학적인 시점에서 볼 때 엄마들에게 도움과 지원망을 만드는 것은 중요한 과업이었고 그래서 여성의 뇌의 배선은 다른 사람들과 연결되도록 구성되는 쪽으로 진화해 왔다고 설명한다.

> 소녀 시절부터 시작해 성숙해지면서 여성은 친구를 만드는 데 점점 더 능숙해진다. …… 의식적으로든 무의식적으로든 여성은 '자매'를 찾아 함께 자녀를 양육한다.
>
> 10대 소녀들은 강박적으로 '인기'와 '소속감'에 집착하는 면이 있다. 이 또한 성공적으로 자녀를 키우는 데 필요한 연대감을 형성하는 것과 연관이 있을 것이다. …… 소녀들은 자녀를 양육할 수 있을

만큼 성숙해지고 난 뒤 생애 내내 배우자뿐 아니라 그 이외 사람들의 도움을 필요로 한다. 여자들이 맺은 유대감이 그들을 보호하는 역할을 한다.[02]

여성의 행동을 지원 체계를 개발하기 위한 연대감 형성이라는 시점에서 보면, 윌리엄의 축구팀에 있던 여자아이들의 행동을 이해할 수 있다. 그 아이들은 벌써 자기들의 마을 만들기 작업을 시작한 것이다.

UCLA에서 나온 연구도 새러 하디의 주장을 뒷받침한다. 연구자들은 스트레스에 대한 반응을 새로운 관점에서 관찰했다. 연구자들은 스트레스 반응에 관한 대부분의 연구가 남성을 대상으로 이루어져 왔다고 설명했다. 그 이유는 "여성은 생식 주기로 인해 신경 내분비 반응의 변화 주기가 더 크기 때문에 여성의 자료는 혼란스럽고 해석할 수 없는 패턴이 자주 나타나기 때문"[03]이었다.

그러고 나서 이 연구는 새로이 여성에 주목하며 남성과 여성의 스트레스 반응에 큰 차이가 있음을 발견했다. 스트레스를 받을 만한 상황에 처하면 여성은 투쟁 혹은 도주 반응을 준비하기 위해 육체적 변화가 나타나는 것이 아니라 돌봄과 유대감을 촉진하는 호르몬인 옥시토신을 배출하는 경향이 있음을 알아냈다. 연구자들은 여성에게서는 '투쟁'이나 '도주'가 아니라 '돌봄과 친구 되기' 반응이 나타났다고 밝힌다.

여성은 스트레스에 반응하기 위해 선택적으로 연합하는 성향이 있다. 연합을 통해 다수의 그룹 구성원들은 그들 자신과 자녀를 보호

할 가능성을 극대화한다. 따라서 우리는 "여성이 스트레스에 반응해 자식을 돌보고 사회적 그룹과 연대하는 것은 '친구 되기' 과정을 통해 촉진된다고 본다. 친구 되기는 스트레스 상황에서 여성과 자녀를 보호하고 필요한 자원을 공급하는 유대의 연결망을 만드는 과정이다.[04]

이 "돌봄과 친구 되기" 반응은 우리 여성에게 이점으로 작용한다. 함께 집단으로 일을 하게 만들므로 아이를 혼자 기르는 상황을 개선해 우리의 마을, 공동체, 나라에 커다란 변화를 이끌어 낼 수 있다.

사회학과 인류학 교수이자 얼햄 대학(Earlham College) 여성의 성과 섹슈얼리티 연구 프로그램의 의장인 조안 마틴(JoAnn Martin) 교수는 집단의 이익을 위해 함께 일하는 엄마들의 영감 넘치는 사례를 소개한다.

멕시코의 부에나비스타 마을 사람들과 시간을 보낸 마틴은 그 마을의 엄마 공동체가 미치는 영향력으로 인해 지역 정치 문제에 일어난 변화에 주목했다. 부에나비스타 마을의 엄마 공동체는 강력한 결속과 함께 일하는 능력 덕분에 지방 정부의 부패 문제에 효과적으로 대처할 수 있었다. 마틴은 「모성과 힘」이라는 제목의 글에서 부에나비스타 마을의 여성들이 정부에 만연한 부패에 분노하게 되었다고 설명한다. 공직에 있는 것은 아니지만 엄마들은 모여서 소통하고, 연결망을 이루고, 그들의 영향력이 효과를 발하게 만들었다. 그들은 광장에서 빵을 구입하고 지방 정부의 부패 상황, 물 부족 사태와 불법적인 토지 매매 등에 관한 이야기를 공유했다. 여성들이 모여서 이야기를 주고받았기 때문에 정부가 부패했다는 인식이 널리 알려지게 되었다.

그리고 여성들은 정치 모임이 아닌 가족과 지역 공동체를 걱정하는 엄마들의 모임을 만들었다. 멕시코 문화에서 엄마들의 영향력은 크다. 그리고 멕시코 여성은 자신의 힘과 위상을 이해하기 때문에 공동체에 득이 되도록 그 힘을 쓸 수 있다.

엄마들은 공유지에 불법적으로 지어진 집을 허무는 작업을 함께하고, 돈을 모아 아픈 사람들을 돕고, 새롭게 사업을 시작하는 사람들을 지원하는 차원에서 서로 돈을 빌려 줬다. 또한 협심해서 정부 관료들과 싸웠다. 몇몇의 여성들이 비공식적으로 모여 즉흥적으로 읍사무소의 소장을 만나러 갔다. 그런 다음 불만 사항을 토로했다.

> 모임은 그때까지 읍사무소 소장으로부터 전혀 지원이 없었다는 사실에 대한 마에스트라(Maestra-스페인 어로 '선생'이라는 의미-옮긴이)의 연설로 시작됐다. …… 또 다른 여성이 자기가 사는 곳에 오수 정화조를 설치해 달라고 요청했지만 아무런 답을 듣지 못했다는 불만을 이야기했다. 소장이 그녀가 말하는 중에 해결책을 이미 내놓았으며 자신이 앞으로 어떻게 할지를 자세하게 설명했다. …… 하지만 마리아가 그가 말하는 해결책은 유효 기간이 고작 1, 2년뿐이라고 맞받아쳤다. 마리아는 이렇게 말했다. "당신이 우리 읍에서 가장 높은 당직자라서 당신에게 온 거예요. …… 우리 읍의 아버지이니 당신이 문제를 해결해야 합니다. 우리는 약속을 원하는 게 아니에요. 일이 진짜로 해결되길 바라는 거라고요."[05]

이 비공식 만남은 두 시간 이상 지속되었다.

부에나비스타 마을의 여성들은 엄마들의 작업을 협력적 프로젝트로 이끌어 내면 그 힘이 폭발적으로 증가한다는 것을 보여 주었다. 엄마들이 협력해서 이루는 작업은 언제나 그랬다. 그래서 강력한 사회 연결망을 형성하고 협력해서 일할 때 여성들은 종종 자연스럽게 지도자이자 전문가로 활약한다. 생물학적으로 여성은 그 방면에 탁월한 재능을 발휘할 수 있도록 만들어져 온 것이다.

이런 현실과 모성의 유산에 대해 생각할 때 나는 우리가 서로를 하나의 마을로 포용할 때, 앞서 엄마의 길을 걸은 수많은 선배들의 발자취를 좇으며 그 힘을 집단적으로 활용할 수 있는 잠재력이 우리 여성에게 있음을 확신한다. 함께 연결돼서 일할 때, 협력해서 자녀들을 돌보는 생물학적 열정을 공유하고 있음을 자랑스럽게 여길 때 우리는 '우리가 모여 만든 총합'보다 훨씬 더 큰 존재가 될 수 있다.

연결될 곳
찾고
만들기

　　도시계획의 선구자인 제인 제이콥스(Jane Jacobs)는 도시 계획은 공동체의 상호 교류를 촉진해야 한다고 주장했다. 나 역시 우리가 거주하는 물리적 공간이 공동체의 연결과 상호 교류에 커다란 영향을 미친다고 믿는다. 친구 중 한 명이 삶의 공간 중 최고였던 곳에 대해 이야기한 적이 있다. 그녀는 남편과 어린 두 자녀와 함께 살았던 학생 부부 숙소를 제일로 꼽았다. 생활 공간 자체는 부족한 점이 많았지만 숙소가 들어선 곳이 멋진 공원 단지라 아이들이 마음껏 뛰어놀 수 있었다. 집의 뒷문 바로 뒤에 있는 야외 놀이터를 공유했기 때문에 다른 가족들과 자주 교류를 했다. 내 친구와 그녀의 남편은 다른 집과 가까운 점을 특히 좋아했다. 이웃과 자연스럽게 연결될 수 있으니까. 하지만 대부분은 이렇게 공동체 연결이 자연스러운 곳에 살지 못한다. 그럴 경우에는 다른 사람들과 연결될 곳을 찾고 만들어 내는 일이 필요하다.

나 또한 영국에서 다시 캐나다로 돌아와서 친구를 사귀려 했을 때의 감정은 예전에 데이트를 하던 시절처럼 어색했다. 그때 나는 곧잘 남편에게 말하곤 했다. "오늘 도서관에서 어떤 여자를 만났는데, 괜찮은 사람 같았어. 그 집 아이들 나이가 우리 애들이랑은 맞지 않지만 그래도 전화 한번 해 볼까?" 또는 "이 사람하고 다음 단계로 진도를 나가야 하는 건지 모르겠어. '엄마랑 아기랑' 놀이 시간에 그녀하고 이야기하는 건 좋은데, 정기적으로 아이들끼리 놀게 할 상대인지는 모르겠어"라고 말이다. 그 당시 엄마들이 서로 연결되는 장소는 놀이터나 도서관이었다.

친구 중 한 명이 아이를 낳고 나서 매일 어딘가에 가는 것을 목표로 정했다고 말한 적이 있다. 하다못해 슈퍼마켓에라도 가면 바깥세상과 최소한 물리적으로나마 연결되기 때문에 도움이 된다고 했다. 그것도 좋은 생각이다. 하지만 슈퍼마켓 말고 생각해 볼 만한 장소가 있다.

길 잃은 엄마 옆 엄마들

새롭게 엄마가 된 사람들의 그룹에는 분명 한계가 있다. 하지만 스코틀랜드 피터쿠터에 살며 마을회관에서 일주일에 한 번씩 회원들과 만나는 '엄마와 아기' 모임이 내겐 너무도 소중했다. 거기에서 멋진 여성들을 많이 만났다. 모임 안에서 친분이 쌓여 정해진 모임 이외에도 사람들과 어울리기 시작했다. 함께 저녁식사를 하고, 정원을 산책하고 아이들끼리 만나서 노는 시간을 가졌다. 그 소중한 우정은 모두 내가 아파트

밖으로 힘겹게 발자국을 내딛어 전혀 모르는 사람들로 가득한 방으로 들어섰기 때문에 가능했다.

놀이 그룹, 모유 수유 강좌, 도서관, 아기랑 같이하는 수영 강좌, 유모차를 이용한 운동 강좌 등 당신이 사는 곳이 어디건 새롭게 엄마가 된 사람들과 만나 연결될 곳을 찾을 수 있을 것이다. 새롭게 엄마가 되어 필연적으로 정신없이 돌아가는 상황 속에 던져진 여성들과 이야기를 나눌 때 느끼는 만족감이 있다. 자신이『오즈의 마법사』의 도로시처럼 낯선 곳 한가운데 떨어졌다는 것을 알았을 때 똑같은 곳에서 길을 찾기 위해 고군분투하는 다른 엄마들을 찾는 것이 도움이 된다. 이 엄마들은 당신의 동료 전사가 되어 새로운 현실에서 맞이하는 모든 고난을 극복하기 위한 전투에서 함께 싸워 줄 것이다. 내 친구 펠리시아는 첫 아이를 가졌을 때 이런 진실을 깨달았다.

> 첫 아이를 임신했을 때 정말 친한 친구 셋을 사귀게 되었어. 우리 셋 모두 '아기를 낳으려면 마을이 필요하다'라는 그룹의 일원이었어. 우리는 함께 임신 기간을 보냈고 함께 엄마가 되었지. 서로 전화를 해서, "내 아기한테 이런 일이 일어나는데, 이게 괜찮은 거예요?" 하고 묻곤 했지. 어느 날 밤 너무 피곤한데 대체 어찌해야 할 줄을 몰라서 친구 중 한 명에게 전화를 해서 아마 두 시간 정도 잔 거 같다고 말했더니, 그 친구는 "나는 한 시간 반 정도 잤는데"라고 대답을 하는 거야. 그래서 같이 웃고 말았지.
>
> 집에서 나와 친구와 함께 있는 것, 나는 혼자가 아니라는 걸 아는

것이 내게는 정말 큰일이었어. 우리는 스타벅스에 갔고, 함께 웃었어. 수유 같은 일에 대해 이야기할 수 있다는 게 정말 좋았어. 육아라는 게 많은 사람들에게 참 어려운 일이잖아. 다들 나름대로 다른 정보를 가지고 있으니 나눌 수 있어서 좋은 거지. 이 사람들을 사귀지 않았다면 어떻게 했을지 모르겠어. 요즘도 우리는 여전히 서로를 도와주고 있어. 같이 이야기하고, 울어 주고, 모든 걸 나누지. 아이들끼리도 친구야. 정말 너무도 멋진 일이야. 이 사람들은 내 인생의 선물이야.

임신 기간 내내 몸이 바뀌는데, 그때가 아마 생애 처음으로 포기하는 것에 대해 배우게 되는 시기인 것 같아. 그리고 엄마가 되는 거지. 엄마가 되면 미친 듯이 항복을 외치게 되지. 좋은 친구를 사귀면 그렇게 힘든 시간을 극복하는 데 도움이 될 거야.

안녕하세요, 이웃 님!

가까이 사는 사람을 사귀는 것이 관건이다. 마을 내 학교나 지역 축구팀에 가입하거나 지역 활동을 하는 것이 이웃을 사귈 수 있는 몇 가지 방법 중 하나다. 내가 친하게 지내는 엄마들 중에 가장 많은 시간을 보내고, 가장 도움을 많이 주고받는 이는 오래 알고 지냈거나 공통점이 가장 많은 친구나 친척은 아니다. 그녀는 우리 집에서 세 집 건너에 산다. 도서관이나 상점에서 많은 엄마들을 만나 이야기를 나누고, 가까워지고, 그 사람들이 마을을 만드는 일에 관심이 있다 해도 서로 도시 반대편에 산다면 현실적으로 우정을 나누기는 어려울 것이다.

　내가 처음 이웃을 만난 곳은 놀이터였다. 그녀의 딸이 내게 그네를 밀어 달라고 했고, 그것을 계기로 아이의 엄마와 이야기를 시작했다. 그날부터 그녀는 가장 가까운 친구가 됐다. 우리 집 부엌 창문을 통해 보이는 뒷마당 문이 천천히 열리고 친구의 아이 넷이 들어와 트램펄린에서 뛰어놀아도 되느냐고 물으면 내 마음은 따뜻해진다. 저녁식사 바로 전 피곤하고 배고파 짜증이 난 우리 아이들이 뭔가 싸울 거리가 없나 찾고 있을 때, 이웃집 아이들이 나를 구출해 준다. 와서 우리 집 아이들과 뒤뜰에서 함께 노는 것이 전부인데도 말이다. 그런 일이 한두 번이 아니다.

　나는 이웃집 친구와 스프를 만들고 책이나 요리법에 대해 이야기하는 것을 좋아한다. 우리는 서로 알고 있는 유용한 정보를 나누고, 아이들을 함께 돌본다. 함께할 때마다 우정도 깊어졌다. 이렇듯 가까이 사는 사람은 마을 만들기에 최적의 후보가 될 수 있다.

　마을 만들기를 하다 보면 다른 사람의 아이들을 돌보고, 내 집으로 초대하는 경우가 많다. 캐나다에서 이웃집 아이들을 부르기에 알맞은 계절은 여름이다. 뒷마당에서 놀게 하면 되니까. 특히 마당에 여러 가지 놀이기구(레고 만들기 테이블, 분필, 트램펄린 등)를 차려 두면 아이들이 즐겁게 놀 수 있다. 앞마당에서 뭔가를 나눠 주고 있으면 종종 자전거나 스쿠터를 타던 다른 집 아이들도 들러서 인사를 하고 우리 아이들과 놀곤 한다. 겨울에는 집보다는 마을의 야외 아이스링크가 최고의 장소다.

　이웃 아이들을 우리집으로 '입성'하게 만드는 데는 지혜가 필요하다. 이를테면 동네를 걷다가 어떤 집 마당에 장난감이 보이면 그 집 문을 두드린 뒤 내 소개를 하고 그 집 사람들을 우리 집에 초대한다. 사람들은 그렇게 하고 싶은 마음이 들면서도 안전하다고 느낄 때 행동까지 이어진다. 앞으로는 동네 블록 파티도 열어 볼 계획이다. 블록 파티는 잠깐 동안 거리 한쪽을 막아 공공 공간을 만들어 이웃들과 함께 시간을 보내며 사귀는 파티다. 시간이 걸리는 일일 테지만 누군가와 관계를 맺는 것은 일회성 이벤트가 아니라 과정이다. 노력을 요하지만 그럴 만한 가치가 충분히 있다.

유명 블로거 한 명이 나와 의견을 같이했다. 그는 왜 우리가 서로를 소외시키게 되었으며 그렇게 해서 생긴 틈을 어떻게 메우면 좋을지 방법을 찾고자 했다.

> 서로에게는 물론 자연으로부터 우리 스스로를 고립시키는 이유에 대해 생각하자마자 마음이 복잡해졌습니다. …… 이유가 무엇이건 뭔가 잘못되었다는 것은 확실합니다. 나는 왜 고통이 존재하고 세상이 이렇게 엉망이 되었으며 하나의 공동체로서 어떻게 이를 치유할 수 있을지 알아내고 싶습니다. 어렵고 까다로운 이 문제에 모든 답을 내놓을 수는 없지만 조금이나마 차이와 변화를 만들어 내고 싶습니다.
>
> 이렇게 망가진 세상을 치유하기 위해 작게나마 기여하는 의미에서 나는 일주일에 한 번씩 이웃들을 우리 집으로 초대했습니다. 가장 먼저 "제 이웃이 되어 주실래요?"라는 제목의 전단지를 만들었어요. 그리고 다음 걸어 다니며 오갈 수 있을 거리에 사는 이웃들에

게 전단지를 돌린 후 시간을 정해 모인 다음 제 아이디어를 소개했어요. 우리 집을 매주 모임 장소로 제공하겠다고요.

모임을 시작하고 그와 이웃들의 삶에 어떤 변화가 일어났는지를 물었더니 그는 이웃들 간에 관계가 만들어졌다고 대답했다. 수년 동안 가까이 살았지만 서로 이름도 몰랐던 사람들인데 함께 모인 뒤부터 서로에게 필요한 것이 무엇인지 알게 되고 서로 도움을 줄 수 있는 관계로 발전했다고 했다.

그와 그의 아내가 모두가 모일 수 있는 공간을 만든 뒤 이웃들이 어떻게 서로를 돕고 지원했는지 몇 가지 사례를 소개하겠다.

두 집 건너에 사는 부인이 최근에 일을 찾았습니다. 한동안 일을 하지 못했기 때문에 그 집은 돈이 매우 필요한 상태였어요. 하지만 부인이 일을 나가면 장애가 있는 남편은 집에 혼자 있어야 하는 상황이었습니다. 의사 진료를 보거나 다른 볼일이 있을 때 도움이 필요한 사람이었어요. 그래서 우리 뒷집에 사는 이웃이 운전기사 역할을 해 주겠다고 나섰어요. 그 이웃은 평소에도 장애가 있는 이웃이 필요로 할 때 의사에게 데려다주는 일을 하고 있었어요. 장애가 있는 이웃은 어떻게 해서든 필요한 일을 해내겠지만 그 이웃의 도움이 없었다면 일이 훨씬 더 어려웠을 겁니다. 또 다른 이웃은 아버지가 돌아가신 뒤 집에서 추도식을 갖기로 했어요. 추도식에 이웃들이 많이 와 주면 그녀도 힘이 되겠구나 싶어 사람들을 모아 함께 추도식에 참석했어요. 서로를 아끼게 된 거죠. 전에는 없던 분위기가 만들어진 겁니다.

한때 서로 낯설기만 하던 이웃들이 이제는 함께 개를 산책시킨다. 서로의 애완동물을 돌봐주고, 휴가를 가는 집이 생기면 혹시 그 집에 도둑이 드는 일은 없는지 봐주기도 한다.

이웃이 반드시 "생각이 비슷한" 사람이어야 하는 것은 아닙니다. 이웃과 공통점이 있다면 삶을 공유하는 경험을 할 수 있는 공동체의 일원이라는 감정을 꼽을 수 있을 겁니다. 치유와 사랑, 친절한 행위, 서로 환경을 공유하고 연결되어 있다는 느낌은 '어떻게 지내세요?'라는 가벼운 질문에 서로 돌아가며 대답을 하고 듣는 단순한 행위에서 시작되었습니다.

나는 이웃들 간의 모임으로 만들어진 연결망이 세상을 변화시킬 잠재력을 가지고 있다고 믿습니다. 우리는 이웃을 변화시키면서 사랑의 힘을 경험하고 있어요. 지금 우리가 공동체 단위에서 이웃들과 함께하고 있는 작업을 전 지구로 확대 적용시킬 수 있다면, 희망을 가질 만한 이유로 충분합니다.

교회, 시너고그, 모스크 — 입맛대로 골라 봅시다

이슬람 사원인 모스크, 유대교의 회당인 시너고그, 교회, 절 등은 모두 수백, 수천 년 동안 최소한 한 가지만큼은 유용하고 기본적인 기능을 충족시켜 왔다. 사람들이 모일 수 있는 장소를 제공하는 것이다.

막내딸이 태어나고 1년 뒤 나는 사이클링 마마스(Cycling Mamas)라는 소모임에 가입하게 되었는데, 그게 참 행운이었다. 이 모임의 회원인 엄마들은 봄과 가을에는 자전거를 타고 겨울에는 크로스컨트리 스키(들이나 산을 횡단하는 스키-옮긴이)를 탄다.

사이클링 마마스는 40여 년 전 연합 은혜 교회(Grace United Church)에 다니던 여성들에 의해 만들어졌다. 봉사 프로그램으로 시작한 사이클링 마마스는 어린 자녀를 둔 수많은 엄마들을 지원했다. 석 달 동안 매주 화요일과 목요일에 모였고, 회비는 35달러였다. 아이를 한 명씩 데려와서 맡길 때마다 15달러씩 추가되었다. 접근성이 좋아 모임에 참여하는 마음이 가볍고 즐거웠다. 엄마들은 아침 9시 15분쯤 와서 아이들을 교회에 있는 작은 부속관에 맡겼다. 이 부속관은 37제곱미터 넓이의 방 하나로 된 건물로, 진열장에는 아이들이 볼 책과 장난감이 가득했다.

회비로 엄마들은 아이를 봐주는 도우미를 고용하는데 주로 온화한 성품의 나이 지긋한 부인들이 온다. 아이를 키워 본 그들이 내 아이를 돌봐준다고 생각하면 안심이 된다. 회원인 엄마들은 또한 자녀 수에 따라 1일에서 3일 동안 의무적으로 봉사를 해야 한다. 이 활동을 이끄는 여성들은 엄마들이 다른 엄마들과 연결되고 교류하도록 돕는 데 열정을 쏟는다.

나는 연합 은혜 교회에 다니지는 않는다. 그리고 사이클링 마마스 회원들 대부분이 이 교회 신도가 아니다. 하지만 이 교회가 사이클링 마마스 프로그램을 지원하고 촉진시키는 노력과 너그러움에 깊은 존경심을 갖게 된다. 연합 은혜 교회는 상처받은 내 마음을 치료하는 데 큰 도움을 주었다.

사이클링 마마스에 참여했을 때 나는 필사적이었다. 만성 피로에 살도 많이 쪄서 몸무게도 90킬로그램이 넘은 상태였다. 그런데 저렴한 비용으로 아이를 맡기고 일정 시간 동안 평화롭고 조용히 운동을 할 수 있다는 건 하늘이 보내 준 선물과도 같았다. 게다가 집에서도 가까웠다. 그때는 내가 아예 망가졌다고 생각할 만큼 몸이 엉망이었다. 아이 셋을 낳은 뒤, 이것이 정말 나의 새로운 현실인가 어리둥절해하던 때다. 다시는 예전으로 돌아가지 못할 거라 생각했다. 그래서 산길 코스를 탈 때는 소심해지고 속도를 내기가 무서웠다. 아기를 낳기 전의 나와는 전혀 딴판이었다. 그래서 슬펐다. 모험심 강하고 강인한 예전의 나는 이제는 죽어 버렸다고 생각했다.

사이클링 마마스에 가입할 때도 회원들이 얼마나 빨리 자전거를 타는지를 듣고 살짝 겁이 났다. 그녀들은 정말 빨랐다. 또한 친절하고 적극적이며 강인했다. 그들은 에드먼턴강 유역 산기슭의 수많은 언덕을 아무렇지도 않게 날아오르고 내달렸다. 빠르게 달리는 그룹, 중간 속도로 달리는 그룹, 느리게 달리는 그룹으로 나뉘었는데 나는 느리게 달리는 그룹에 가입했다. 하지만 결코 느리지 않았다. 나는 그 그룹에서 꼴찌로 달리면서도 헉헉거렸다. 그런데 다른 엄마들이 응원해 주었다. 천천히 달리라고 하지 않았고 그저 "할 수 있어요!", "아주 잘하고 있어요, 시제이"라고 말하며 독려했다. 이런 독려의 말은 전혀 가르치는 것처럼 들리지 않았다. 75분 동안 힘들게 자전거를 타면서 내게 필요한 것은 오로지 긍정적인 에너지뿐이었기 때문이다.

자전거 타기 시즌이 시작될 때 회원 중 경험이 많은 샤론이 느리게 달리는 그룹을 이끌면서 나를 맡았다. 자전거를 탈 때 샤론의 모습은 올림픽 출전 선수처럼 보였지만 알고 보니 그녀도 사연이 있었다. 사이클링 마마스에 참여하면서 샤론은 체중을 대폭 줄였고 신체적으로나 정신적으로 강인해졌다. 샤론은 종종 사이클링 마마스가 그녀에게 얼마나 큰 의미를 갖는지를 이야기했다. 건강을 얻어서 누리게 된 행복에 대해 얼마나 감사하는지도 잊지 않았다. 또한 생활 방식이 바뀌면서 남편과 자녀들에게도 적극적인 생활방식을 갖도록 도울 수 있었다. 그녀는 또한 남을 돕는 일에도 헌신적이다. 샤론은 그룹 회원 모두에게 귀감이 되는 존재이다.

자전거로 언덕을 오르내릴 때는 늘 상반된 감정을 느꼈다. 힘든 때가 있는 반면 쾌감을 느낄 때도 있었다. 맨 처음 긴 언덕을 올라갈 때 샤론이 옆에서 응원하며 같이 자전거를 달려 줬다. 샤론은 기어를 저속으로 둬야 언덕을 올라갈 수 있다는 것도 가르쳐 줬다. 그리고 언덕 앞에서 고속으로 기어를 둬서 다시 저속으로 가기 전에 가속도를 붙이는 요령도 알려 줬다. 자전거를 탈 때 리듬을 고르게 유지하는 방법에 대해서도 말해 줬다. 그리고 예언자처럼 몇 번 타고 나면 엉덩이가 아픈 일은 없을 거라고도 했다. 언덕을 오를 때마다 샤론은 먼저 정상에 올라간 다른 회원들과 함께 항상 나를 응원해 주었다.

자전거 타기를 시작한 때 이런 일이 있었다. 안간힘을 쓰며 긴 언덕을 힘겹게 올라가고 있었다. 모두가 나를 제치고 먼저 올라갔는데 딱 한 사람은 예외였다. 그녀도 물론 나보다 먼저 갈 수 있었는데 그렇게 하지 않았다. 다른 친구에게 그녀는 "먼저 가. 나는 시제이랑 같이 갈게"라고 말했다. 어느 순간 한쪽에는 그녀가 또 다른 한쪽에는 샤론이 나와 함께 자전거 페달을 밟고 있었다. 마치 양쪽에서 천사들의 호위를 받는 기분 이었다.

캐나다의 긴 겨울이 지나면 믿어지지 않을 만큼 놀라운 봄이 온다. 눈이 녹고, 풀은 생기 없는 노란색에서 생동감 넘치는 초록으로 변하고, 땅이 죽음에서 부활한 듯 자연은 승리를 노래하며 폭발한다. 어두운 죽음 과도 같은 겨울에서 반짝거리며 빛나는 초록의 봄으로 변하는 모습을 보 면서, 자전거 타기를 시작하는 우리의 몸도 준비되어 있음을 확인한다. 사이클링 마마스는 내게 기회를 줬다. 그리고 모든 것이 바뀌었다. 모든 사람들이 팔을 크게 벌리고 나를 환영해 줬지만 자전거 타기를 하는 이 엄마들은 특히 더 그랬다. 그들은 계속해서 나를 독려하고 도와줬다.

자전거 타기 시즌이 되면 이 그룹에 속해 있던 선배 회원들이 찾아 와서 잘 모르는 신입들에게 조언을 해 주었다. 그들은 이 모임을 사랑 한다. 어린 자녀들과 씨름하며 힘겨운 시간을 보낼 때 사이클링 마마스 로부터 받은 것이 많기 때문에 계속해서 활동을 하는 것이다. 이 모임은 40년 동안 엄마들에게 가치를 매길 수 없는 자원의 보고 역할을 했고 고 립된 채 집에서 아이들하고만 지내는 엄마들에게 꼭 필요한 휴식을 제 공했다.

스키나 자전거 타기를 끝내면 돌아와 다과를 먹으며 담소를 나눈다.

비슷한 삶의 단계에 있고 스키와 자전거 타기를 좋아하는 여성들이 쌓아가는 동지애가 나는 참 좋다. 우리는 스키에 왁스 바르는 법, 넘어졌을 때 체인의 질이 떨어지는 것을 방지하는 법, 올라가기 힘든 언덕에서 기어를 저속으로 두는 요령 등에 대해 이야기한다. 함께 운동하기 때문에 공통점이 아주 많다.

힘겹게 싸우고 이겨 내는 시간을 함께 보낸 사람들 사이에서는 마법 같은 일이 벌어진다. 수많은 엄마와 아기 그룹의 약점은 엄마들이 주로 이야기만 나눈다는 것이다. 똑같이 모이고 연결된다 해도 함께 작업하고 문제를 해결하고 서로를 위해 희생하는 사람들의 연결과 비교하면 피상적인 수준을 벗어나지 못한다.

사이클링 마마스 클럽은 교회에서 만난 소수의 여성들이 지역과 이웃의 엄마들을 지원할 방법을 모색하면서 시작되었다. 어디든 완벽하지 못한 인간이 모이는 곳이니 완벽한 종교 단체 또한 있을 수 없지만 그래도 거기에 참여하는 이들은 살면서 나름대로의 사랑과 친절을 베풀기 위해 노력한다. 종교 단체는 관계 형성에 중요한 주제인 사랑, 용서, 은혜와 자비를 배우기에 적합한 곳이다. 좋은 교회는 사람들을 찾아 나서고 공동체와 연결해 교류의 장을 만든다. 교회에 꾸준히 나간 덕에 나는 어려울 때 영적으로 힘을 받았을 뿐 아니라 의미 있는 우정을 발전시키고 소중한 마을 동료들을 얻었다.

집이 작아도, 더러워도 상관없다

지난해 나는 열과 성을 다해 내 집 문이란 문은 모두 열어 사람들을 맞이했다. 보통은 이웃집 아이들이 뒷문을 두들기며 우리 집 아이들과 뒷마당에서 놀아도 되느냐고 물었다. 앞문을 두들기며 찾아온 사람들은 아이들을 맡기거나 잠시 가벼운 대화를 하러 온 엄마들이었다. 찾아오는 사람들 덕분에 청소를 좀 더 열심히 하고 여러 가지 삶의 기준도 조금은 낮춰야 했지만 친구를 얻는 일이기에 얼마든지 가치가 있었다.

사람들을 내 집으로, 우리 가족의 생활 속으로 불러들이는 것은 강바닥을 파서 물이 흘러들게 하고, 연못에 깨끗한 물을 끌어오고, 고인 물에 냄새가 나지 않게 방지하는 일과 같은 환기 작업이다. 사람들은 신선한 아이디어, 새로운 시각과 농담, 열정을 가져온다.

엄마 혼자 양육을 하다 보면 집은 대부분 폭탄 맞은 것처럼 엉망인 상태가 된다. 하지만 그럴 때도 문을 열고, 꼿꼿이 서서 사람들을 들여야 한다. 그들은 당신의 집 상태에 대해 그다지 깊이 생각하지 않을 수 있다. 그런 게 뭐 중요한가? 사람들을 당신의 공간으로 초대해서 얻는 가치에 대해 치러야 할 작은 대가일 뿐이다. 당신의 집이나 삶이 완벽해 보일 때 마을 만들기를 시작하겠다는 생각은 하지 않는 게 좋다. 여기서 한 가지 요령을 알려 주겠다. 새로운 친구를 사귀고 싶은데 집 상태 때문에 조금 걱정된다면 아이가 많고 머리는 엉망인 여자를 찾아보라. 아마 그녀는 당신의 집이 더러워도 눈도 깜짝하지 않을 것이다.

지난해 나는 한 멕시코 여성과 친구가 되었다. 음식 이야기를 하게 되었고 그녀는 내게 멕시코 음식을 좋아하느냐고 물었다. 내가 힘을 줘서 그렇다고 대답하자 언제 멕시코 음식을 만들어 주겠다고 말했다. 나는 덥석 좋다고 말하고 각자 음식을 준비해서 나눠 먹자고 제안했다. 그런데 그녀는 그 제안은 거절했다. 그러고는 "아니, 아무것도 요리하지 말아요. 우리가 다 가져갈 테니까"라고 대답했다. 그녀에게 다른 멕시코인 친구들이 있다는 걸 알고 있던 나는 그들도 함께 오라고 말했다. 약속된 날 저녁 초인종이 울렸고 문을 열었는데 스무 명 정도 되는 사람들이 음식이 든 냄비를 들고 서 있었다.

우리 집은 작다. 식탁 의자도 여섯 개밖에 없다. 하지만 아무도 그런 점을 개의치 않는 것 같았다. 함께 시간을 보내며 나는 손님들 중 몇 명이 서서 음식을 먹는 것을 보고 미안하다고 말했다. 그러자 그들은 아무렇지도 않은 투로 "무슨 소리, 괜찮아요. 멕시코에서는 대규모로 모임을 갖는 일이 잦은데 그럴 때면 곧잘 서서 먹어요. 의자가 없어도 상관하지 않아요"라고 말했다. 그 순간 나는 깨달았다. 집이 작다고, 실은 그럴 필요가 없는데 먼저 한계를 정해 버렸던 것이다. 그날 저녁은 정말 멋졌다. 음식은 근사했고 사람들은 더할 나위 없이 좋았다. 어색한 순간은 전혀 없었다.

할머니,
이모, 언니 들과
친해지기

　모든 전통 문화 중, 특히 수렵 사회에서 가족은 단순히 엄마, 아빠, 자녀로 이루어진 집단을 의미하지 않는다. 우리와는 달리 풍족하지 않은 문화에서 확대 가족은 언제나 필수적인 지원망 역할을 했다. 확대 가족의 울타리 안에서 집안의 모든 아이들이 자라난다. 이런 사회에서는 할머니, 할아버지, 이모나 고모, 숙모, 사촌, 엄마, 아빠, 아이 들이 있어야 가족으로 간주된다. 또한 알로마더들도 부모만큼 중요한 역할을 한다. 엄마들은 자녀들을 키울 때 항상 다른 이에게 의지할 수 있다.

　새러 하디는 다른 영장류를 비교했을 때 인간이 아이를 키우는 데 상대적으로 훨씬 더 많은 시간과 에너지가 필요했던 점을 감안하면 할머니, 이모, 고모, 숙모 등 성숙한 여자들이 인류가 생존하고 번영하는

데 의미심장한 역할을 했다고 설명한다.[01] 여기서 나는 엄마들이 자녀를 키우는 엄청난 과업을 실행할 때 아버지와 더불어 다른 이들과 연결돼 함께 일하는 것이 중요하다는 것을 다시 한 번 생각하게 되었다.

　자원이 부족하거나 어려운 도전이 닥쳤을 때 가족 안에서 알로마더는 아이들의 삶에 엄청난 영향을 미칠 수 있다. 세계 각 곳의 수많은 부모들에게 알로페어런츠는 양육에 있어서 한 팀이다. 조부모나 이모들의 지원 역할이 그다지 중요해 보이지 않을 수 있지만 실은 수천 년 동안 수백만 부모들에게 알로페어런츠의 지원은 그야말로 필수적이었다.

　대부분 할머니, 이모나 고모, 큰언니 들이 알로페어런츠로서 부모의 자녀 양육을 지원했다. 이 점을 기억해야 할 필요가 있다. 내 경우만 봐도 다른 동료 엄마의 도움을 받고 힘을 얻은 것은 사실이지만 동료 엄마들은 대개 그 자신이 힘들 땐 나만큼 가라앉아 절망감에 허덕이기 쉽다. 물론 이것이 공생적 인간관계가 존재할 수 없다는 의미는 아니다. 다만 똑같이 진창에서 뒹굴고 있는 동료 엄마들과의 우정이 당신이 필요로 하는 모든 욕구를 지원할 수 없으며, 당신 또한 그녀가 필요로 할 때마다 모든 도움을 줄 수는 없다는 점을 상기할 필요가 있다는 뜻이다.

　알로마더는 엄마가 필요로 하는 것을 채워 줄 수 있는 것은 물론 아이가 원하는 것도 채워 줄 수 있다. 아빠가 엄마의 시간과 에너지를 대신해 줄 수도 있지만 아이가 받을 수 있는 지원은 풍부하면 풍부할수록 좋다. 아이에게 부모가 필요하다는 것은 의심할 여지가 없지만 엄마, 아빠를 포함해 좋은 어른이 더 있다면 금상첨화다. 모성과 양육이라는 퍼즐에서 할머니, 이모, 언니 들과 같은 퍼즐 조각이 반드시 필요한 이유가 여기 있다.

비슷한 생각을 하는 사람을 만나는 것이 얼마나 달콤하고 좋은 경험인지 안다. 그런데 이런 사람들은 삶에서 당신과 비슷한 단계에 있는 경우가 많다. 마을 만들기를 위해 사람을 모을 때는 이런 점을 고려해 보는 것이 필요하다. 엄마로 산다는 것은 다른 사람들과 연결될 때 좀 더 깊고 다양해질 수 있는 기회를 제공한다.

자애로운 할머니들

엄마는 놀라운 분이다. 모든 것이 무너져 내리는 것같이 느껴지는 순간이면 어김없이 급습하듯 내 삶으로 들어온다. 셋째를 임신했을 때 엄마는 내가 마음 놓고 의지할 수 있는 유일한 사람이었다. 엄마는 미칠 것 같다고 느끼는 순간 내게로 와 나는 물론 남편과 아이들에게 밝은 빛이자 신선한 공기가 되어 주었다. 우리 가족 모두 지치고 힘들어하던 때라 엄마가 발산하는 긍정의 빛이 절실했다. 힘들 때 엄마와 가까이 살았던 것이 많은 도움이 된 것은 말할 것도 없고, 심지어 물리적으로 거리가 먼 상태에서도 엄마는 나를 우선순위에 두고 할 수 있는 일은 모두 다 해 주었다.

엄마에게 엄마이자 할머니로 산다는 것이 어떤 느낌인지 이야기해 달라고 부탁했다. 그러자 엄마는 다음과 같은 글을 보내 주었다.

나는 이제 할머니입니다. 때때로 딸과 손주 들을 방문하고 그곳에 머무르곤 하죠. 딸들이 아기를 낳을 때마다 가서 도왔어요. 아이들이 나를 필요로 할 때는 물론이고 그러지 않을 때도 찾아가죠. 손주들은 나에게 너무도 소중한 존재예요. 얼마나 놀랍고도 새로운 경험인지 몰라요. 내 자식과 손주에게 도움이 된다는 사실에서 위안을 얻지요. 손주에게 책을 읽어 줄 수 있고, 다친 곳이 있으면 빨리 나으라고 뽀뽀도 해 주고, 정원에서 같이 벌레를 찾고, 동물원에 가고, 산책하고 그 밖에도 그 애들이 좋아하는 일은 뭐든 해 줍니다. 내 자식들에게도 그렇게 했어요. 딸들이 집에 페인트칠을 하거나 식사를 준비할 때, 손주를 봐줘야 할 때 도와주러 갔죠. 지금도 언제든 아이들이 나를 필요로 하면 도와주러 갈 수 있어요.

아이들 삶의 일부가 되고 싶어요. 아이들이 나를 필요로 하고, 사랑받는다는 느낌을 주고 싶죠. 아이들이 힘들어할 때도 알고 싶고요. 함께 웃고, 울고, 삶을 사랑하는 느낌이 들어요. 엄마가 되고 할머니가 된다는 것은 내게 아름다운 선물이었어요. 언제까지나 소중히 간직할 선물 말이죠.

모든 엄마들이 도움을 줄 수 있는 할머니가 있는 호사를 누리지는 못한다. 그런 경우에는 다른 경로를 통해 가족 역할을 대체할 사람을 찾을 수 있다. 친척은 아니지만 당신처럼 마을의 일원이 되기를 원하는 사람이 가장 알맞은 후보다. 그 사람은 이웃에 사는 나이 지긋한 노부인이나 중년 부인 또는 당신을 도와줄 시간이 있는 10대 소녀가 될 수도 있다.

나이 든 노부인들은 외로운 경우가 많고 당신만큼 공동체를 필요로 할 수 있다. 그런 사람들은 어린아이들과 함께 있는 것을 즐거워할 수 있다. 다니는 교회에 자녀가 모두 다 커서 성인이 된 중년 부인이 있는데 그녀는 교회에서 아기를 안고 있을 때가 많았다. 그녀는 엄마들이 가져온 음식을 차리거나 피아노를 치는 등 바쁜 일을 하고 있을 때면 대신 아기들을 안고 돌봐 준다. 무엇보다 아기를 좋아하기 때문에 가능한 일이다.

어느 날 나는 산책을 하다가 우리 이웃집 문을 두드리고 그 댁 노부인을 만나 인사를 했다. 그리고 정원이 정말 예쁘다고 이야기했다. 우리는 한동안 정원 가꾸기에 대해 이야기를 나눴다. 그렇게 만나서 이야기하는 것을 그 부인은 정말 좋아하는 눈치였다. 여름이 끝났을 때 그 부인은 우리 집에 들러 자신의 정원에서 거둔 씨앗을 주고는 심는 법도 알려 주었다. 우리는 이 만남으로 인해 씨앗을 나누는 것 이상의 축복을 누렸다고 생각한다.

비슷한 사례 몇 가지를 나누고자 한다. 이들 모두 주변의 노부인들과 관계를 맺음으로 서로 혜택을 본 경우다.

에반스 부인은 우리를 결혼 생활에서 구해 줬고, 미치지 않게 잡아주었어요. 또한 하루에 콜라 세 병을 마시던 내가 한 병으로 줄일 수 있게 도와주었어요. 에반스 부인은 항상 "모든 게 다 잘될 거야"라고 말해 주었습니다. 무슨 일에든 당황하는 법이 없었죠. 에반스 부인은 80대입니다. 우리가 어빙으로 이사 왔을 때 가장 먼저 만났던 사람 중 한 명이죠. 부인은 동화 속 메리 포핀스처럼 "자, 내가 뭘 도와줄까요?"라고 물었어요. 부인은 길 건너 우리 집 맞은편에 삽니

다. 우리 집 맞은편에는 성인(聖人)이 살고 있어요. — 세이디

미쳐 버릴 것 같은 날이었어요. 엄마가 되면 가끔 그런 날이 오죠. 그때 알고 지내던 노부인이 내 아이들을 데리고 영화를 보러 갔어요. 그분은 이렇게 말했죠.

"나는 아이들하고 지내는 시간이 있었으면 좋겠는데 내 아이들과 손주는 너무 멀리 살아서 자주 볼 수가 없어요. 그러니 가끔 내가 그 집 아이들을 데리고 가서 놀아 줘도 될까요?"

우리 집 애들은 아주 오랜 시간이 지난 지금도 그 부인을 기억하고 있어요. — 아만다

그분 생각만 해도 눈물이 나요. 정말 다정한 분이었어요. 그분에 대해 어디에서부터 이야기를 시작해야 할지 모르겠어요. 4년 전 쌍둥이를 한 번도 아닌 두 번이나 낳아 키우게 된다는 생각에 숨이 막힐 것 같았어요. 그렇게 힘든 때 그분이 내 삶에 들어와 준 걸 생각하면 가슴이 정말 찡해져요. 절실할 때 정말 큰 도움을 줬어요. 모든 일은 그분께 내가 또 남자 쌍둥이를 가졌고, 그래서 정말 힘들게 됐다고 털어놨던 날 시작됐어요. 그분은 망설이지 않고 바로 내 삶에 들어와 나를 도와줬어요. 침대에 누워 쉬는데 스스로 초라하다는 기분이 들었어요. 너무도 비참했죠. 그럴 때 그분이 자주 찾아와 줬어요. 영화나 간식거리를 가져다주며 기분 전환을 해 주려 노력했죠. 조용하고 다정한 방법으로 나를 도와주고 기분 전환을 하게끔 배려해

주었어요. 일요일 날 교회에 갈 때면 아이들을 준비시켜 주고 가끔 차도 태워 줬어요. 남편이 교회 일 때문에 먼저 가야 해서 혼자 모든 준비를 할 땐 참 힘들거든요. 그리고 월요일, 수요일, 금요일 아침에는 큰 쌍둥이 둘을 유치원에 데려다주고 나중에 하원도 시켜 주었습니다. 또한 밤에 우리 부부만 외출할 수 있게 가끔 와서 아이들을 돌봐 주기도 했어요. 나를 이렇게까지 꾸준히 도와주고 아껴 준 사람은 없었어요. 그분 덕에 저도 다른 사람들을 더 열심히 돕고 싶게 됐어요. 그분은 내 인생을 바꾼 분입니다. ─ 엘렌

그분의 이름은 로즈입니다. 다섯 째 아이를 임신했을 때 로즈는 내가 잠을 좀 잘 수 있게 우리 집에 와서 청소를 하거나 음식을 준비하고 아이들을 봐주겠다고 제안했어요. 로즈가 아이를 봐준 덕에 약속도 잡을 수 있었죠. 로즈는 무엇이 되었건 나를 위해 할 수 있는 일은 모두 해 주었어요. 도움이 필요한 때를 기가 막히게 잘 알았죠. 어떤 영감을 받는 것 같아요.

언젠가 완전히 지치고 힘들 때 로즈가 전화를 걸어서 위로해 주었어요. 내가 정말 형편없는 엄마라고 느껴지는데 이야기할 상대는 없고, 그런 감정을 나눌 만큼 가깝다고 생각되는 사람도 없었거든요. 그때 로즈가 전화를 해서 위로해 주고 엄마로서 내가 아이들에게 얼마나 잘하고 있는지, 내 장점이 뭔지를 상기시켜 주었죠. 그 전화를 절대 잊을 수 없는 것 같아요. ─ 레이나

언니 친구 중 한 명이 전에 "아기들은 모두 아홉 살 된 여자아이를 데리고 태어나야 돼"라고 한 적이 있다. 이웃에 아홉 살 난 여자아이가 사는데 곧잘 집에 놀러와 그녀가 바쁜 사이 아기와 놀아 준다고 했다. 어린 소녀에서는 벗어났고 10대 후반으로 진입하기 전의 여자아이들은 엄마와 아기에게는 완벽한 짝이 될 수 있다. 이 아이들은 아기를 돌보는 일에 대한 낭만적 광채를 아직 간직하고 있다. 그래서 아기들과 논다는 생각에 눈을 반짝이는 10대 여자아이들이 많다.

내 친구 중 프랑스어권에 사는 이가 이웃집 10대 소녀 이야기를 했다. 그 아이는 프랑스어 실력을 높이고 싶어서 일주일에 몇 번씩 그 집에 와서 프랑스어를 연습했다. 그 집 아이들과 프랑스어로 이야기하며 노는 동안 내 친구는 식사를 준비하고 청소를 할 수 있었다.

피아노를 가르쳤던 학생 중에도 내 딸에게 홀딱 빠진 아이가 있었다. 딸이 태어났을 때 그 아이는 아기와 함께 시간을 보낼 생각에 기대에 차 있었다. 좀 더 자주 집으로 부르고 싶었지만, 아이를 이용하는 게 아닌가 싶어 주저했다. 그런데 어느 날 그 애 엄마가 아직 조금 어리지만 딸아이가 보모 일을 하고 싶어 한다고 했다. 돈은 필요없고 경험 삼아 내 딸을 돌보길 원한다고 말했다. 말하자면 그 아이는 인턴 프로그램을 찾고 있었던 것이다. 나는 그 제안을 받아들였다. 그리고 지금도 종종 그 아이에게 전화해 보모 일을 맡기고 있다.

내 올케도 최근에 두 살 된 아들과 2개월 된 딸아이를 공원에 데려갔다가 10대 소녀들을 만난 경험을 들려주었다.

한동안 공원에 있었더니 딸이 슬슬 몸을 꼼지락거리며 법석을 떨기 시작했어요. '이제 갈 시간이 됐구나'라고 생각했는데 두 살짜리 아들은 그럴 생각이 없었어요. '조금 있으면 난리가 나겠군' 싶었죠. 아장거리며 걷는 아이와 우는 아기를 한꺼번에 어떻게 건사하나 앞이 깜깜하더라고요. 당황해서 주변을 둘러보니 가까이에 10대 초반의 여자아이들이 둥그렇게 앉아 있는 게 보였어요. 그중 한 아이에게 아들을 챙길 동안 아기를 잠시 안고 있어 줄 수 있냐고 물었더니 여자아이는 신이 나서 그렇게 하겠다고 대답했어요. 다른 아이들은 "우아, 너 정말 좋겠다!"라고 말하며 아기 주변으로 몰려들어 같이 아기를 보고 예쁘다며 탄성을 지르더군요. 그동안 나는 울며 난리를 피우는 아들을 유모차에 태우고 여전히 여자아이들에게 둘러싸여 있는 딸에게 갔어요. 아기를 잘 안고 있어 줘서 정말 고맙다고 인사를 하니 그 아이는 조심스럽게 아기를 넘겨 줬어요. 그러고는 그 상황이 얼마나 고마운지 아이들과 이야기를 나눴죠. 아이들도 저마다 이야기를 꺼냈어요. "막내가 남동생인데 아기거든요. 내 여동생은 막내를 데리고 집 안 여기저기를 돌아다녀요", "아기가 너무 귀여워요"라고 말이에요.

우리는 활짝 웃으며 계속 이야기를 했어요. 그런데 옆에서 혼자 유모차에 앉아 안전띠를 하고 있던 아들이 슬슬 법석을 떨기 시작했어요. 나는 조금 더 머물며 소녀들과의 시간을 즐겼고 고맙다는 인사를 한 뒤 그 자리에서 떴지요. 행복감이 느껴졌어요. 여자아이들에게 자신이 도움이 되었다고 느낄 수 있는 기회를 줄 수 있어서

좋았고 아이들이 진심으로 나를 도와주고 싶어 하는 모습을 보며 마음이 따뜻해졌어요. — 테일러

당신이 일하는 동안 아기와 놀아 주는 것을 좋아하는 소녀들을 찾아보라. 성공한다면 그건 당신에게 석유를 발견한 것만큼이나 행운이 될 것이다.

이 관계가 주는 또 하나의 장점은 연장자 여성이 어린 여성에게 조언을 해 줄 기회가 주어진다는 것이다. 소녀에서 여자가 되는 과도기에는 여러 가지 혼란스럽고 힘든 일이 많다. 앞서 산 당신의 지혜와 격려는 후배의 삶에 의미 있는 차이를 만들어 낼 수 있다. 물론 당신은 부모의 영역까지 침범하고 싶지는 않을 것이다. 따분한 현실에서 도망치면 삶이 얼마나 멋질지 생각해 보라며 아이를 회유하지도 않을 것이다. 하지만 대부분의 부모들은 학교 생활에 항상 최선을 다하는 것이 얼마나 중요한지, 미래에 대해 스스로 현명한 선택을 내리는 방법, 아직 완전히 성장하지 않은 여자의 삶을 살며 의기소침할 때 자신이 얼마나 소중하고 중요한 존재인지 상기하는 방법 등 어느 정도 도움이 되는 조언은 환영하고 고마워할 것이다.

메리 포핀스가 잠시 들를 때

엄마로 살며 겪는 삶의 기복을 고려할 때 전반적으로 다른 누군가의 엄마가 되는 것이 좋다. 엄마로 산다는 것은 멋지면서 끔찍하다. 삶을 바꾸고, 영혼이 멀리 뻗어 나가게 만들며 축복과 고통이 정확하게 반

반씩 섞여 있다. 한마디로 엄마 됨은 매우 강렬한 경험이다.

엄마보다는 고모나 이모나 숙모가 되는 게 좀 더 간단하다. 게다가 재밌기도 하다. 조카들은 나를 무척 좋아한다. 그 애들이 나를 좋아하게 만들기 위해 그리 많은 힘을 쏟을 필요가 없다. 재미있는 선물을 주고, 아이들이 하는 농담을 들어 주고, 애들이 좋아할 만한 별나고 충격적인 이야기를 해 주면 된다. 그리고 진짜 심각하고 힘든 일은 부모에게 맡기면 된다.

어릴 때 이모 중에 가까이 사는 사람이 없었다. 그러다 크리스마스가 되면 만나곤 했다. 이모들은 내게 정말 중요한 사람들이었다. 여러 가지 면에서 이모들로부터 큰 영향을 받았다. 이모들의 강인함을 배웠으며, 넉넉한 유머로 힘든 시간을 이겨 내는 모습을 주의 깊게 지켜보았다. 그리고 언제나 이모들의 관심을 누렸다. 이제 내가 이모가 되니 내 영향력과 위치를 이해할 수 있다. 당신의 알로페어런츠 목록에 이모를 올릴 수 있다면 아이들에게는 금상첨화다.

자신의 아이가 있건 없건 여성은 멋진 이모가 될 수 있다.

한 여성이 삶에 특별한 의미로 다가온 이모 이야기를 전해 왔다.

나에게는 이모가 여러 명이 있는데 그중 한 분은 자식이 없고 외국 생활을 오래 했어요. 내가 어릴 때는 중국, 한국, 파키스탄, 콜롬비아에 살았지만 오타와를 고향이라고 생각하지요. 이모는 내게 너무도 소중한 분입니다. 이모는 종종 엽서와 생일 카드를 보내 주었어요. 우리 집에 오면 발레를 같이 보러 가고 학교에도 데려다주었죠.

이제는 70대인데 지금도 발렌타인 데이, 할로윈 데이 그리고 제 아이들의 생일이면 카드를 보내 줍니다. 제 결혼기념일이면 항상 우리 집을 방문하시고요. 부모님도 그렇게 안 하시는데 말이죠. 이런 이모가 있다는 건 정말 행운이에요.

멋진 이모 이야기는 여기에 또 있다.

나는 이모인 게 참 좋아요. 큰조카가 태어나기 전부터 그 아이와 연결되어 있다는 걸 느꼈어요. 동생이 아기를 낳고 있을 때가 한밤중이었는데 나도 같은 시간에 깼어요. 전화나 메시지도 없었는데 그냥 느낌으로 알겠더라고요. 처음 조카의 얼굴을 봤을 때, 어떤 식으로든 그 아이가 내게 속해 있다는 게 느껴졌어요. 마음속에서 느껴지는 사랑이 엄청났죠. 지금도 그 생각만 하면 눈물이 날 것 같아요.

지금은 조카가 둘인데 여전히 무조건적으로 그 아이들을 사랑해요. 그 아이들도 똑같이 나를 사랑해 주죠. 전혀 비판이나 비난하지 않는 놀랍고도 순수한 사랑이에요. 조카들과 나 사이의 연대감은 아주 강해요. 내가 동성애자이다 보니 가족 간에 가끔 마찰이 생길 때가 있는데 조카들은 달라요. 그 아이들은 그저 있는 그대로의 나를 사랑해요. 조카들과 시간을 보내고 즐겁게 놀 수 있다는 게 참 좋아요. 놀랍도록 담백한 관계예요. 나는 항상 재미있고 즐거운 사람이 되고 싶은데 조카들이 그런 내 자신과 다시 연결되게 도와줘요.

웃음은 보편적인 언어라고 생각해요. 내가 아이들을 웃게 만들 때, 아이들 덕분에 내가 웃을 때 우리는 서로 연결되어요. 함께 추억을 만드는 거죠. 아이들의 유머 감각을 이해하기 때문에 그리고 아이들도 내 유머 감각을 이해하니까 내가 아이들의 한 부분인 것 같은 기분이 들어요. 그 어떤 것도 조카들만큼 내 삶에 기쁨을 불러일으키지 못해요. 가끔 사는 게 힘들어 의기소침해지거나 우울할 때, 나를 위한 공동체가 없다고 느껴지고 아무도 날 이해하지 못한다는 생각이 들 때 조카들 생각을 해요. 문제가 있을 때 조카들 곁에 있어주는 이모가 되고 싶어요. 또 내가 우울할 때는 조카들 생각을 하며 나를 사랑하는 사람이 있다는 걸 기억하고, 내가 그 아이들을 얼마나 사랑하는지 기억할 수 있길 바라요. — 애나

또 다른 이모의 이야기를 들어보자.

몇 년 전부터 아이를 가지려 노력했지만 임신이 되지 않았어요. 아기 문제로 너무 스트레스를 받는다는 생각이 들었죠. 직장에서 업무 스트레스도 심했고요. 그래서 우리 부부는 너무 애쓰지 말고 천천히 두고 보기로 했어요. 나는 막내이고 조카들이 여럿이니 일단 조카들과 친해져 보기로 했죠. 우리 부부는 이모, 이모부로서 역할에 충실했어요. 아이들과 친근한 관계를 발전시킬 시간을 가지는 것이 참 좋았어요. 조카들에게 느긋하면서도 재미있는 어른이 될 수 있었죠. 부모는 그렇게 하기가 쉽지 않잖아요? 이모 노릇이 참 좋았던 터라 도움이 필요한 다른 엄마들을 돕기 시작했어요. 그래

서 누가 아이를 봐 달라고 하면 진심으로 그 아이와 재미있게 지내기 위해 온갖 노력을 다했어요. 나는 나이보다 마음이 더 젊고 아이들과 노는 것을 좋아합니다. 돈을 받고 보모 일을 하기는 해도 그저 단순히 돈벌이로 생각하지 않고 아이의 삶에 일부분이 되는 기회라고 생각해요. 내 생각에 이건 대단한 거예요. 그런 식으로 나를 확장시키니 아이들을 더 잘 알게 됐어요. 우유를 타고 기저귀를 가는 일에서부터 퉁명스러운 10대 아이들을 다루는 일까지 엄마가 알아야 할 양육법을 배웠지요. 그러는 사이 내가 아이를 갖지 못한다는 아픈 감정이 완화되면서 아주 충만한 경험을 하게 됐어요. 어떤 면에서는 아주 재미있게 엄마 경험을 한 거죠.

또 언니와 함께 교회에 나가기 시작했는데, 언니가 애들을 위해 사는 것들이 죄다 재미없는 것들이었어요. 그래서 내가 나서서 스티커나 책, 인형 등 정말 재미있는 것들로 가방을 채워 넣었죠. 그걸 아는 조카들은 항상 나랑 함께 앉아서 뭔가 하는 걸 좋아했어요. 그 아이들은 내 가방을 '메리 포핀스 백'이라고 부르기 시작했어요.

나는 아이들이 좋아요. 아이들과 있으면 항상 젊어지는 기분이 들어요. 나 자신도 큰 아이가 되는 것 같거든요. 아이들은 내 삶에 기쁨을 가져다줘요.

그렇게 많은 일을 경험하고 나서 정말 놀라운 일이 일어났어요. 나는 지금 임신 3개월째랍니다. — 미아

어떤 방식으로 삶에 다른 여성들을 초대하건 우리 자신과 자녀들

144

그리고 알로마더들을 위해 알로마더를 이용하는 이 멋진 전통이 계속 이어지기를 희망한다. 확대 가족과 공동체에서 알로마더들을 찾을 수 있다. 당신이 그들의 도움을 필요로 하는 만큼 그들 역시 기꺼이 당신을 돕기를 원한다. 그러면서 자연스럽게 서로에게 이로운 관계가 만들어 진다. 이런 할머니, 이모 그리고 언니 들은 엄마들에게 커다란 도움이자 위안이 될 수 있다. 동시에 소중한 마을 사람인 알로마더 자신에게도 기쁨의 원천이자 소속감의 근원이 된다.

누군가에게 도움을 청하는 일은, 특히 당신이 받은 도움을 갚을 수 있는 입장이 아닐 때는 참 어렵게 느껴진다. 받기만 하고 주지 못하는 것은 결코 이상적인 시나리오가 아니지만, 힘든 상황에 처해 있다면 당장 돌려줄 능력이 없을 수도 있다. 또 다른 누군가에게 후하게 돌려줄 수 있을 때까지 그저 감사하는 마음만 간직하고 있어야 하는 경우가 있다.

셋째를 임신했을 때 나는 단순히 감사하는 마음을 간직하기가 힘들었다. 문제는 그뿐이 아니었다. 너무 오랫동안 진흙탕 속을 뒹굴다 보니 무엇을 부탁해야 할지도 몰랐다. 뭐가 도움이 되는지 모르는 상태에서 사람들이, "뭐든 도움이 필요하면 알려줘요"라고 말하면 어떻게 반응을 해야 할지 몰라 난감해진다.

'그때 좀 더 도와 달라고 요청하고 도움을 받았으면 좋았을걸!' 하는 생각이 뒤늦게 든다. 당시는 사람들을 잘 알지도 못하고, 줄 것도 마땅하지 않은 상태라 도움을 요청하는 게 불편했다. 그때 도와주겠다는 사람들에게 집에 와서 부엌이나 침대 정리를 해 달라고 했으면 집이 좀 더 깨끗해졌을 텐데. 아니면 아기를 잠시 봐 달라고 하고 샤워라도 하거나 운동이나 명상, 기도를 했어도 좋았을 것이다. 아니면 음식을 냉동시켜 준비해 두는 일을 도와 달라고 했다면 나중에 저녁식사를 손쉽게 차려 낼 수 있었을 것이다. 올리비아 뉴튼 존의 〈재너두(Xanadu)〉를 립싱크로 따라 부르며 춤을 춰 달라고 부탁해 볼걸 그랬다. 그 모습을 생각하면 며칠 동안 얼굴에 미소가 끊이지 않았을 것이다.

좀 더 도움을 요청했다면 실질적인 도움은 물론, 도움을 준 사람들과 연결될 기회를 더 많이 가졌을 것이다. 이게 무엇보다 중요하다. 그럼으로 인해 내 주변의 도움과 지원에 대한 확신도 커졌을 것이다. 지원을 받고 있음을 인식하는 것이 산후 우울증을 치유하는 데 더욱 효과적이다. 갓 엄마가 된 여성들은 자신이 지원망에 속해 있고 혹시라도 지원망에서 잠시 떨어져도 누군가가 그들을 잡아 줄 거라는 믿음을 가질 필요가 있다.

홀로 자녀를 키우며 도움을 청하는 방법을 배워야 했던 엄마 엘리샤의 이야기를 살펴보자.

에드먼턴으로 이사 왔을 때 아는 사람이 별로 없었어요. 그리고 일주일에 두 번은 수업을 들어야 했기 때문에 그런 날은 친척들에게 아들 제런을 맡겼지요.

하루는 우리 사정을 잘 아는 이모에게, 또 다른 날은 오촌 숙모인 미셸에게 맡기는 식이었어요. 이사 오기 전까지 미셸 숙모와는 왕래가 거의 없어 처음엔 서먹했지만 정말 잘해 줬어요. 숙모는 열정적인 엄마예요. 석 달 반 동안 일주일에 한 번씩 우리 집에 와서 내 아이를 봐주었어요. 숙모도 아이가 넷이나 되는데 말이죠. 숙모는 언제나 제런과 놀아 주고 조그맣고 재미있는 선물을 줬어요.

내가 대학에 다니는 3년 동안 숙모의 가족은 나를 많이 도와줬어요. 주말에 공부를 해야 할 때, 밤에 친구와 외출을 할 때 아들을 봐주곤 했죠. 혼자 아이를 키우면서 가장 힘든 점은 집을 쉽게 비울 수가 없다는 거예요. 얼른 나가서 식료품을 사 온다거나, 잠시 산책이나 운동을 하러 나갈 수가 없어요. 모든 일은 아이가 학교나 어린이집에 가 있을 때 끝내야 해요. 아니면 보모를 고용해야 하는데 혼자 버는 살림에 빠듯하죠. 보모를 구하는 일도 너무너무 힘들어서 위염에 걸릴 지경이었어요.

아이가 잠들어 있을 때는 보모를 어떻게 집에 데려다주지? 아이를 깨워서 같이 데려가야 하나? 친척한테 부탁할까? 그럼 너무 많이 신세를 지는 건 아닌가?

주변 사람들에게 너무 많은 도움을 요청하는 것은 아닌지 끊임없이 걱정거리만 생각이 나더군요.

하지만 부탁을 할 때 저를 불편하게 만든 엄마는 단 한 명도 없었어요. 항상 내 아들을 반겨 줬고, 일부러 애써서 도와줬어요. 에드먼턴에 나를 도와주는 좋은 엄마들이 이렇게 많다는 것은 진정한 축복이었죠. 엄마들의 도움은 실질적으로는 물론이고 정서적 면에서도 큰 힘이 되었어요.

이웃에 사는 로렐은 학기 내내 수요일마다 내 아이를 집에 데려다 줬어요. 그 일 때문에 가끔 정작 로렐의 아이를 데리러 가는 일에 늦을 때가 있었는데도 말이죠. 로렐은 대도시에 살면서도 공동체를 만드는 법을 가르쳐 줬어요. 로렐을 생각하면 늘 마음이 따뜻해져요.

조딘은 재혼 가정이라 아이가 넷이 있고 거기에 다 큰 자녀와 손주 들이 수시로 집에 와요. 그런데도 언제든 가능할 때는 제런을 봐 주죠. 조딘은 엄마로서 여유를 갖는 법을 가르쳐 줬어요. 그리고 그녀에게 융통성의 가치도 배웠죠. 혼자 아이를 키우다 보면 어쩔 수 없이 사람들에게 의지하게 되어요. 그동안 뭐든 혼자 해 왔는데 이제는 '아이를 키우려면 마을이 필요하다'라는 말이 무엇을 의미하는지 잘 알아요. 나는 의지할 파트너가 없기 때문에 다른 자원을 찾아볼 수밖에 없었죠.

이런 여러 가지 자원으로부터 얻은 것이 결국은 아이에게 득이 될 거라고 생각해요. 나 자신이 새롭고 멋진 사람들을 만날 수 있었고 그게 아들에게도 똑같은 영향을 미칠 거라고 생각해요.

삶이 분주해지면 자기도 모르는 사이에 나만 바라보게 되고, 깊이 가라앉게 된다는 것을 배웠어요. 그럴 때면 바로 옆에 있는 사람도 도움이 필요하다는 사실을 놓쳐 버리기 쉬워요. 지금까지 8년 동안 나는 계속해서 도움이 필요했어요. 참 이상한 느낌이고 인정하기도 묘했죠. 아들을 낳기 전까지는 스스로를 꽤 독립적인 사람으로 여겼거든요. 그런데 엄마가 되니 겸손해질 수밖에 없어요. 아이를 키운다는 건 혼자 할 수 있는 일이 아니에요.

나는 '선행 나누기(pay it forward)'라는 개념을 좋아해요. 많은 엄마들에게서 도움을 받았는데 이제는 가까이 살지 않는 사람도 많아요. 도움을 준 사람에게 다시 되돌려 줄 수 없지만 새롭게 엄마가 되는 사람들을 도와주면 선행 나누기가 완성이 되는 거죠. 지금 당신이 무슨 일을 겪고 있는지 아는 엄마가 당신을 도와주겠다고 제안하는 것, 모든 엄마가 그런 기회를 가질 수 있기 바라요. 엄마들에게는 꼭 필요한 거니까요.

경계 긋기

도움의 손길을 뻗는 행위 중에는 다른 사람의 부탁을 거절하는 것도 포함된다. 또한 다른 사람이 '안 돼요'라고 말할 때 기꺼이 받아들이는 것도 중요하다. 순조롭게 임신 기간을 지내는 여성들은 당신이 맞닥뜨린 시련을 모를 수 있다. 엄마가 되고 맞이하는 첫해에도 마찬가지다. 내 경우도 셋째를 출산한 뒤에는 첫째나 둘째 때와는 달리 거절을 해야 하는 경우가 생겼다. 사람들은 당신의 마음을 읽을 수 없고, 당신의 삶에 무슨 일이 일어나고 있는지도 알 수 없다. 그 과정에서 평상심을 유지하는 게 매우 중요하다는 점을 기억해야 한다. 다른 사람을 실망시키는 게 두려워 마음의 평정을 잃게 돼서는 안 된다.

한 주 전에 새로운 곳으로 이사를 해 적응 중인 올케가 한 살 된 아기를 데리고 우리 집에 왔었다. 이미 여러 친척 집을 방문했던 터라 아기는 제대로 잠을 자지 못한 상태였다. 올케 역시 지쳐 있었다. 다음 날 우리는 함께 공원에 갔다. 그날 저녁에는 친척들과 함께 저녁을 먹을 계획이었다. 그런데 나는 올케에게 오후에 낮잠을 자고 나서 아이들을 데리고 수영장에 가는 게 어떠냐고 제안했다. 그러고 나서 친척들과 저녁 식사를 하러 가자고 말이다. 올케는 그날 나머지 일정은 좀 여유롭게 지내고 싶다고 말했다. 올케가 거절한 건 잘한 일이었다. 정직하게 말해 준 덕에 정말 쉬고 싶은 사람을 괜히 이곳저곳 끌고 다니지 않았으니 말이다.

나는 경계 긋기에 서툰 사람이다. 그런데 관계가 잘 돌아가려면 적절히 선을 그을 줄 알아야 한다. 그런데 그게 말처럼 쉽지가 않다.

하루는 친구가 자기 아이들을 두 시간 정도 봐줄 수 있냐고 물었다. 내가 필요할 때 자주 도와준 친구라 가능하면 보답을 하고 싶었다. 우리는 관계가 좋고 우정도 돈독했다. 그런데 그날은 내가 의사 진료를 받은 뒤 아들을 데리러 학교에 가야 했다. 누가 봐도 친구의 부탁을 들어주기 힘든 상황이었다. 그런데 부탁을 들어줄 수 없는 이유를 조리 있게 말하지 못했다. 그리고 친구의 어조에 다급함과 절실함이 묻어 있어서 아이를 봐 달라는 부탁을 거절하지 못했다.

결국 나는 어린이집에서 돌아오는 아들을 데리러 제시간에 버스 정류장에 가지 못했다. 아이를 정류장에 내려 달라고 어린이집에 요청을 해 뒀는데 엄마가 없으니 다시 어린이집으로 돌아간 것이다. 그래서 어린이집에는 20달러의 추가 비용을 지불해야 했다. 남의 아이를 봐주다가 일어난 일이었다.

내가 경계 긋기를 못 한다는 것은 분명하다. 친구가 이런 상황을 알았다면 절대 아이를 봐 달라고 부탁하지 않았을 것이다. 괜히 미안한 마음을 갖게 하고 싶지 않아서 나는 친구에게 20달러 이야기는 하지 않았다. 아무튼 이건 내게 적신호였다. 적절하게 선을 긋는 법을 배워야 함을 깨달았다.

그때 사건으로 나는 다른 사람에게 내 스케줄을 잘 설명하지 못할 때가 있다는 것을 알게 됐다. 가끔 중요한 일을 잊어버려 놓고 '뭔가 할 일이 있는데 그게 뭐였지?' 하며 내내 꺼림칙한 기분을 느끼곤 했다. 할 일 목록을 적어 놓기 시작하면서부터 언제, 어디에서 다른 사람을 도울 수 있는지 파악하는 데 도움이 됐다. 도와주고 싶어도 내가 할 수 없는 상황이라면 상냥하지만 확실하게 거절하는 것이 최선이라는 것을 깨달았다. "미안한데 그날은 할 일이 있어" 혹은 "이런, 우리 아이들이 자기네 아이들이랑 노는 것 정말 좋아하잖아. 그런데 이번에는 조금 힘들 것 같아"라고 말하는 것이다. 살짝 모호하지만 상냥하게, 그러면서 단호하게 말하는 것은 다른 한편으론 정직하게 이유를 밝히는 것이다. 이렇게 하면 당신의 스케줄은 말만 하면 얼마든지 바꿀 수 있는 것처럼 생각하는 사람이 불쑥 끼어드는 일도 방지할 수 있다.

당신이 그런 부류여서 다른 사람의 영역을 존중하는 게 어렵다면, 시간을 들여 원인이 무엇인지 찾아보고 다른 사람의 공간과 결정을 존중하는 법을 배우는 데 도움이 될 전략을 찾을 필요가 있다. 도움을 요청하는 것은 좋은 일이지만 상대방이 도움을 주지 못할 상황이라면, 거절을 존중하고 받아들이는 것도 그만큼 중요하다.

당신은 줄 것이 없고 오로지 받아야 할 때가 올 수 있다. 하지만 가능하다면 언제나 균형을 잡는 것이 좋다. 주고받기가 어느 정도 균형이 맞을 때 진정한 우정이 꽃필 수 있다. 불균형의 시간을 보내야 할 때가 있지만 그 시간이 지나 결국 균형이 잡혀야 건강한 우정이 지속될 수 있다. 당신이 늘 주거나 아니면 늘 받기만 하는 유형이라면 관계를 어떤 식으로 맺고 있는지 다시 들여다봐야 한다. 더 나은 균형 상태를 찾기 위해 각자의 영역을 존중하자는 대화를 시작해야 할 수도 있다.

이렇게 중요한 대화를 하기 전에 먼저 시간을 들여 곰곰이 생각해 보기 바란다. 적절한 시기 선택이 꼭 필요한 경우가 많다. 친구가 복잡하고 힘든 감정을 다룰 수 있을 때, 변화를 이끌어 낼 자원이 있을 때를 찾는다. 화가 끓어넘칠 때는 적절하지 않다. 자신의 분노를 들여다보고 인정해야 하지만 분노에 휘둘리지는 말아야 한다. 대화를 시작한다면 분노가 제멋대로 들끓게 놔둬서는 안 된다. 내가 해 주고 싶은 조언은 누군가에게 상처받고, 이용당하고, 그 사람과 거리가 생긴 것같이 느껴져도 언제나 가장 다정하고 친절한 모습이 되라는 것이다. 누군가와 감정에 대해 이야기를 할 때는 늘 겸손과 연민의 마음을 잊지 않도록 한다. 상처받은 감정은 연약해지는 경험의 일부다. 상처를 받아도 괜찮다. 하지만 분노는 집에 남겨 두라.

울타리를 잘 치면 좋은 이웃을 사귄다

19세기 영국 작가 사무엘 버틀러(Samuel Butler)는 「연결하기 그리고 단절시키기」라는 제목의 짧은 에세이를 썼다. 버틀러는 예전에 써 놓은 낙서를 훑어보다 "모든 것은 끈 아니면 칼의 특성을 가지고 있다. 즉 무엇인가를 하나로 묶거나 분리시킨다"라는 문구를 발견했다.

그는 전에 했던 생각을 수정해서 좀 더 깊이 있는 말 몇 마디를 더 했다. 그는 기차는 사람들을 한군데로 모으는 역할을 하지만 동시에 사람들을 어디론가 보내기도 한다고 설명했다. 농부가 치는 울타리도 "모으는 역할(양떼를 한군데로 모은다)과 분리 역할(양떼가 옥수수 밭으로 들어오지 못하게 방지)"[01]을 한다. 버틀러는 다음과 같은 결론을 내린다.

> 끈은 주로 사물을 하나로 모아서 묶는 역할을 한다. 반면 칼의 주된 역할은 분리하는 것이나, 칼은 감자를 인간의 뱃속으로 들어오게도 만들므로 하나로 모으는 성향도 있다고 말할 수 있다. 고상한 철학에서는 칼을 끈으로 생각하면서 봐야 하고, 끈도 칼로 생각하며 볼 필요가 있다.[02]

경계 긋기 문제에도 버틀러의 통찰력을 적용시킬 수 있다. 경계를 긋는다는 것은 분리와 단절을 목표로 하는 것처럼 보인다. 하지만 적절히 잘 그으면 오히려 화합을 촉진할 수 있다. 울타리를 잘 치면 좋은 이웃을 사귈 수 있는 법이다.

다른 엄마들과 화합한다는 것은 단순히 주는 것뿐 아니라 받는 법, 적절한 장소에 당신의 울타리를 만드는 방법을 배우는 것을 의미한다. 시작하기가 편치 않다고 느껴질 만한 과정이지만 너그러움과 감사 그리고 겸손함을 겸비하고 노력하면 덜 어렵다. 힘들 때 남에게 의지하면 자존심에 흠집이 난다고 생각할 수 있지만 좀 더 큰 방법으로 마음을 수련하고 키우는 일이 될 수 있다. 도움을 받아들이는 것은 슈퍼 히어로같이 멋진 엄마의 활약을 보는 기회가 될 수 있다. 그러면서 그 도움을 받은 당신이 효과적으로 다른 사람을 돕는 또 하나의 멋진 사례를 볼 기회도 가질 수 있다.

우리의
불완전함을
끌어안기

한 남자가 죽어서 내세로 안내를 받았다. 안내인이 그를 어떤 방으로 데리고 들어갔는데 그 방에는 커다란 탁자에 잔치 음식이 마련되어 있고 사람들이 탁자 주변에 빙 둘러앉아 있었다. 모두 젓가락을 쥐고 있었는데 젓가락을 쥔 손이 옆 사람의 손과 묶여 있었다. 사람들 모두 음식을 먹고 싶은 의욕이 너무 앞선 나머지 먼저 먹으려고 손이 묶인 사람과 싸움을 했다. 결국 모두 비참해지고 배고픈 지경에 이르렀다. 안내인은 그 남자에게 "이곳은 지옥입니다"라고 말했다. 그리고 그를 옆방으로 인도했다. 거기도 역시 첫 번째 방처럼 잔칫상이 거하게 차려져 있고 사람들이 둘러앉아 젓가락을 쥔 채 손이 묶여 있었다. 하지만 그 방에 있는 사람들은 젓가락으로 자기가 아닌 옆 사람에게 음식을 먹여 주고 있었다. 모두 골고루 잘 먹어서 다 행복해했다. 안내인은 남자에게 "이곳은 천국입니다"라고 말했다.

대만에 있을 때 현지인들과 식사를 할 때면 그들은 배려하는 마음에서 늘 내게 포크를 줬다. 하지만 나는 젓가락을 고집했고 나중에는 대만 사람들만큼 능숙하게 젓가락을 사용하게 되었다. '어린아이들도 젓가락질을 잘하는데 내가 못할 게 뭐야?'라는 생각이 들어서였다. 처음에는 서툴렀다. 한 번에 쌀 한 톨씩 집어먹을 때가 많았지만 점점 나아졌다. 이와 비슷하게 당신에게 좀 더 포용적이고 다정해지고 싶은 욕구가 있다면, 처음에는 서툴러서 망치는 때가 있다 해도 계속해서 노력하면 훨씬 나아지게 된다.

뒤돌아보면 사람들과의 관계에서 서툴렀던 적이 많다. 하지만 언제나 더 나아질 수 있다고 믿었다. 나는 천국을 원한다. 이야기에 나왔던 멋지고 즐거운 천국 잔치의 일부이고 싶다. 그래서 나는 바닥에 쌀을 쏟고 가끔은 다른 사람의 무릎에 두부를 떨어뜨리면서도 잔칫상에서 다른 사람들을 먹이기 위해 최선을 다하고 있다. 완벽한 사람은 없다. 모두 서로를 사랑하려 노력하다 실수를 한다. 결국에는 그게 최선이므로 무릎에 두부를 쏟는 사람이 바로 우리 자신일 때 진정 커다란 은혜를 받을 수 있다.

어색할 때가 많지만 우리가 서로를 먹여 주려 노력하면 다른 사람들을 더 효율적으로 보살필 수 있다. 마을에서 평생토록 당신을 지원할 수 있을 만큼 강력한 관계를 만들려면 다른 사람과 자기 자신을 사랑하는 기술을 완전히 연마해야 한다. 열심히 훈련하고 있는 신비주의자인 당신은 신의 도움을 받을 수 있다. 신이 당신의 마음에 진실을 속삭이고, 길을 건널 때 인도할 안내인을 보내 줄 것이다. 그렇게 해서 당신은 사랑의 기술을 익힐 수 있다.

모두가 조금씩 깨지거나 약한 부분이 있다

좀 더 다정하고 따스한 사람이 되기 위한 대장정에서 큰 걸음을 내딛기 위해선 기꺼이 연약해질 의지도 함께 키워야 한다. 이 점과 관련해 브레네 브라운(Brene Brown)의 『불안전함의 선물(The Gift of Imperfection)』은 내게 적절한 조언자와 같다. 브라운은 "우리가 가장 연약하면서 강력한 자아를 속속들이 드러내고 알릴 때 우리는 사랑을 일군다"[01] 고 말한다.

내가 인터뷰를 한 어떤 엄마는 그녀의 어머니가 실수를 인정하고 비판을 유보한 덕에 모녀가 더욱 강해지고 상호 관계도 더 돈독해졌다고 이야기한다.

> 엄마는 당신이 불완전하다는 점을 항상 제게 말씀하셨어요. 엄마의 불완전한 점, 그것 때문에 힘들어하는 모습, 그것을 극복할 때 기뻐하는 모습을 모두 보여 주었죠.
>
> 저를 키우면서 실수를 하셨을 때 엄마는 늘 사과를 했어요. 처음에는 감정적으로 서로 싸우기도 했지만요. 엄마는 당신 내면의 좋은 점을 받아들이기 위해 힘들게 노력했는데, 그런 엄마는 늘 나를 받아주었어요. 내가 내린 결정, 목표, 열망을 엄마가 받아들여 줬기 때문에 마음껏 추구할 수 있었어요. 내가 목표를 모두 성취할 거라

드니즈의 엄마는 가족에게 자신의 연약함을 드러냈다. 그로 인해 큰 일을 계획하고 달성하는 데 힘을 얻을 수 있었다. 그런데 연약함을 드러 낸다는 것은 여러 가지 이유에서 쉬운 일이 아니다. 개인적으로 나는 연 약하다고 느끼는 것을 참 싫어했다. 연약하다는 것은 마음을 걸고 내기 를 하는 것과 같다. 다른 사람에게 자신을 드러내는 것인데 이는 위험한 시도가 될 수 있다. 진짜 내 모습을 보이는 것보다 멋진 옷차림으로 포 장하거나 힘과 능력을 과시하는 편이 훨씬 쉽다. 하지만 주변 사람에게 가장 진솔한 내 모습을 보여 줄 때, 이로 인해 당할 수 있는 불이익이나 단점보다 견고한 연결과 편안함과 같은 보상이 더 크다는 사실을 나는 몇 번이나 깨달았다.

브라운은 이렇게 말한다. "우리는 담배 포장지의 경고 문구 비슷한 것을 가지고 태어나는 것 같다. 말하자면 이런 것이다. '경고 ㅡ 안전과 진 정성을 맞바꾸면 불안함, 우울증, 섭식 장애, 중독, 분노, 비난, 분개함 그 리고 헤아릴 수 없는 슬픔을 경험할 수 있습니다.'"[02]

연결되려면 진정성이 있어야 한다. 정직해야 한다는 의미다. 자신과 주변 사람들에게 부정직하면, 그것이 언뜻 봤을 때는 무해한 것처럼 보 여도 당신 삶은 오염될 것이다.

자신의 단점과 약점을 정직하게 인정하는 문제에서 특히 그렇다. 나 는 현재 노력하는 중이라는 사실을 다른 사람들에게 밝히면 남의 무릎 에 두부를 쏟았을 때도 사과하기가 훨씬 수월해진다. 나는 내 생일은 물론 다른 이의 생일을 기억하는 것이 에베레스트 산에 오르는 것만큼 어렵다. 뭐든 잘 관리를 하지 못하기 때문에 친구들에게 뭔가를 빌려 주려 노력하지 않아도 된다고 말한다. 무엇보다도 그런 결점을 인정하면서 나는 친구들과 연결되고 그들도 나와 똑같이 행동할 것을 원하는 진정성을 세울 수 있다. 그래서 우리의 우정은 더욱 깊어지고 현재 진행 중인 우리 자신을 통해 서로를 확인한다.

우리 모두 조금씩 부족하고 모두 실수를 한다. 그리고 우리 모두는 진행형이다.

자기 자신과 사람들에게 약점을 인정하는 연약함이 조금 불편하게 느껴지는 것은 자연스럽다. 하지만 이런 종류의 아름다운 정직함으로 인해 마을의 친구들도 정직한 자아를 보여 준다. 이것은 마을을 건설할 때 강력한 감정적 토대를 놓는 작업 중에서도 가장 필요하다.

당신을 쥐고 흔들던 힘과 마주한다는 것

산후 우울증의 구렁텅이에서 빠져나올 때 정직함이 때로는 거슬리지만 궁극적으로 도움이 된다는 것을 알게 됐다. 정직해지기로 마음먹으니 그동안 내가 행복으로부터 멀어지는 선택을 하고 있었다는 사실을 인정할 수 있었다. "감정은 선별적으로 골라 마비시킬 수 없다. 고통스러운 감정을 죽이려 하면 긍정적인 감정도 함께 마비된다"[03]라고 이야기한 브라운의 생각에 동의한다.

브라운의 글을 읽으면서 깨달았다. 셋째 아이 임신과 산후 기간 동안 육체적으로 그리고 정서적으로 너무 심한 고통을 경험했던 나는 움

츠리고, 도망가고, 숨는 등 악몽 같은 세상으로부터 단절되기 위해 온갖 노력을 다했다. 가장 좋아한 피난처는 음식이었다. 음식을 파괴적으로 이용하고 있다는 것을 깨닫기까지 오랜 시간이 걸렸다. 나는 고통스러운 감정을 마비시키기 위해 필사적으로 노력하고 있었다. 음식은 숨기에 안전한 곳처럼 보였다. 하지만 결코 기쁨이나 삶에 연결되어 있다는 감정을 주지는 않았다. 추악하고 나쁜 것뿐 아니라 좋은 것도 함께 죽이고 있었던 것이다. 다시 고개를 들고 세상으로 나오기 위해 오랜 시간과 노력을 들여야 했고 누구보다 나 자신에게 정직하고 다정해야 했다.

우리 모두 삶에 생기를 주기 위해 때때로 음식, 쇼핑, 소셜 미디어, 오락 등 즐거움을 주는 것을 이용한다. 물론 적당히 이용하면 좋다. 그런데 위로와 편안함을 얻자고 계속 의지하면 그때부터 엉망이 된다. 자신의 정서적 자아를 무시할 때 브라운이 말한 "불안, 우울증, 섭식 장애, 중독, 분노, 비난, 분개함 그리고 설명할 수 없는 슬픔"에 빠질 완벽한 태세를 갖추게 된다.

책, 치료사, 요가, 지원 그룹 등 여러 가지 방법을 통해 자신의 정서적 상태를 파악할 수 있다. 강하고 안정적인 정서적 토대를 구축하려면 이 중에서 자신에게 가장 효과 있는 것을 찾아야 한다.

우리 가족 주치의는 십수 년 전 내가 주의력 결핍 장애 진단을 받았지만 오랫동안 전문적인 도움을 받지 않고 있다는 것을 알고 있었다. 그는 친절하고 경험 많은 치료사를 소개해 주며 찾아가 볼 것을 권유했다. 살면서 나는 줄곧 주의력 결핍 장애 진단을 무시해 왔다. 그저 선천적으로 이런 성향을 가진 사람들에게 효과 있는 활동을 하며 삶을 만들어 가는 식으로 대처해 왔을 뿐이다. 그런데 가족 주치의가 소개해 준 성인 주의력 결핍 장애 전문 치료사를 만났을 때 큰 충격을 받았다. 내가 느끼는 삶의 긴장이 뇌의 화학 작용과 밀접하게 연관되어 있다는 것을 알게 된 것이다.

주의력 결핍 장애가 있는 여성 대부분이 아이를 낳기 전까지는 의사를 찾아가지 않는다는 것도 알게 됐다. 그리고 대개 아이를 낳으면서 상황이 예전과 다르게 무너져 내리기 시작한다. 이런 환자의 약점은 집중하지 못하고, 정리와 시간 관리를 못하며 충동적이라는 것이다. 나는 전업주부이기 때문에 주요 업무는 집을 정리하고, 가족의 스케줄을 잘 관리하고, 아이들이 차분하고 지속적인 생활을 할 수 있게 하는 것이다. 달리 표현하면 나로서는 수행하기 힘든 임무이다. 내 약점이 전부 다 드러나는 작업인 것이다.

정신적이고 정서적 행복을 이해하지 못하거나 제대로 주의를 기울이지 않을 때 발생하는 문제들은 심각한 스트레스를 유발한다. 치료사는 상담을 하면서 목이나 허리 통증, 두통 때문에 힘들었던 적이 있는지 물었다. 지속적인 스트레스는 육체적 통증을 야기할 수 있기 때문이다. 나는 목, 허리, 머리 모두가 심각하게 아팠었다.

이런 점을 이해하는 것이 내가 진정 누구이며 가족 그리고 공동체와 어떤 식으로 연결되는지를 아는 데 중요했다. 이 점을 인식하니 전에 했던 행동이 무엇을 의미하는지 깨닫는 데 도움이 됐다. 언젠가 나는 남편에게 텐트 운반용 트레일러를 사서 여름 내내 아이들을 데리고 여행을 가겠다고 선언한 적이 있다. 일정한 목표도 정하지 않고 미국 전역을 여행하겠다고 말이다.

"여보, 정말 멋지지 않아? 당신한테는 아마 2주에 한 번씩 전화를 할게. '자기야! 지금 여기 뉴올리언스인데 여기 정말 멋져. 얼른 비행기를 잡아타고 이리로 와요'라고 말이야."

그러자 남편은 긴장하는 빛이 역력한 표정을 지었다.

이제는 나 자신을 조금 더 잘 알게 되었으니 늘 바라던 유목민이 되지 않으면서도 삶에 잘 대처하도록 이용할 수 있는 또 다른 선택지가 있다는 것을 안다. 남편도 이제는 내가 그런 말을 하는 것은 그를 거부하거나 밀어내려는 게 아니라 어떤 식으로든 삶의 스트레스를 대처하려 애쓰는 것이라고 이해한다. 또한 문제를 해결하려 할 때 내가 충동적으로 뭔가 시도하려 든다는 점도 인지하고 있다.

많은 여성들이 불안증, 감정 기복, 섭식 장애, 인격 장애 그리고 기타 정신 질환 때문에 힘들어한다. 이런 문제는 우정을 발전시키려는 당신의 노력에 심각한 장애가 될 수 있다. 자신의 뇌 배선이 기본적으로 어떻게 이루어져 있는지, 자신의 성격이나 정신적 상태가 어떤지 파악하는 것이 중요하다.

정보는 힘이다. 그리고 진실을 알면 자유로워진다.

활용할 수 있는 정보가 많고 상황에 대한 진실을 제대로 인지하고 있을수록 사람들과 연결되기가 더 수월해질 것이다. 자신을 제대로 알고 정서적 토대를 강화할 수 있도록 도움을 주는 정신 건강 전문가들을 잘 활용하는 것이 중요하다.

내면을 탐구하면서 깨달은 점 또 한 가지는 외롭고 단절되었다고 생각하는 사람들이 종종 무엇인가에 중독된다는 사실이다. 충분히 이해가 된다. 고통스러운 시간을 감내하며 현재에 있기보다는 사라지기 마술로 유명했던 마술사 후디니처럼 그저 없어져 버리는 게 더 낫다고 느껴질 때가 있는 법이다. 1970년대 사이먼 프레이저 대학(Simon Fraser University)의 명예교수인 알렉산더(Bruce K. Alexander)는 중독의 특성을 좀 더 면밀히 살펴보기 위해 동료들과 함께 한 가지 실험을 했는데, 이 실험이 중독에 대한 사람들의 인식을 바꿔 놓았다.

알렉산더 교수 팀은 전에 실시된 중독 실험을 약간 바꾸어 진행했다. 이전 실험에서는 우리에 쥐를 가두고 하나는 순수한 물, 하나는 코카인을 탄 물, 두 종류의 물을 공급했다. 이 실험에서 쥐는 순수한 물은 무시하고 코카인을 탄 물만 과잉으로 마셔 대다 결국은 죽었다. 이 결과를 두고 연구자들은 쥐가 중독에 이르고 결국에는 죽은 원인이 코카인 때문이라고 믿었다.

알렉산더 교수 팀도 쥐에게 동일하게 순수한 물과 코카인을 탄 물을 공급했지만 이전 실험과 달리 우리가 아닌 '공원'에 쥐를 넣었다. 이 공원은 막혀 있는 커다란 공간으로 그 안에는 기어 올라갈 수 있는 단상, 들어가서 숨을 수 있는 깡통, 톱밥 가루를 깔아 놓은 공간과 운동을 할 수 있는 바퀴 등이 갖춰져 있다. 그리고 다른 쥐도 많이 있다. 즉 이 공원의 쥐는 원래 살던 서식지와 비슷한 환경에서 사회적 활동을 하는 것은 물론 교미도 하는 근면한 동물로서의 삶을 살 수 있다.

알렉산더 교수 팀의 실험은 첫 번째 실험과는 사뭇 다른 결과를 내놓았다. 우리에 갇혀 있던 쥐와는 달리 공원에 사는 쥐는 코카인을 탄 물에 그다지 흥미를 보이지 않았고, 일반적으로 그 물을 멀리하면서 공원에서 잘 살았다. 연구자들은 여기서 중독의 원인은 약물이 아니라 '우리'라는 환경이었다는 결론을 내리게 되었다.[U4]

내 정신 건강 문제를 다루면서 이런 관점에서 중독을 바라보니 크게 깨달은 바가 있다. 주의력 결핍 장애를 앓는 사람들은 일반적으로 무엇인가에 중독되는 일이 잦다. 내 경우는 음식 중독이 점점 더 심각해져 가는 상황이었다.

중독에서 회복하는 사람들은 비범한 이들이다. 자신의 상태를 파악하고 중독을 극복하려 노력하지 않을 경우 치러야 할 대가는 엄청나다. 결혼 생활, 직업, 가족 등 모든 것이 종종 위태로운 지경에 이른다. 중독자들 중에는 말 그대로 살기 위해 처절한 사투를 벌이고 있는 사람들이 많다. 그런 절박성 때문에 중독자들은 정서적, 영적, 육체적 건강을 되찾는 데 헌신하려 한다. 중독에서 회복한 사람들은 실제로 만나 보니 현명하고 정서적으로도 건강했다. 중독에 이르게 된 정서적, 정신적, 육체적, 영적인 문제에 얽혀 있는 자신을 해방시켜야 했기 때문에 그들은 지혜롭게 대처했다. 자신이 갇힌 우리를 보고 문제가 뭔지, 무엇이 모자란 것인지 알아내야 했다. 그래서 중독자들은 종종 그들이 중독된 약물을 자신만의 조그만 공원에서 맺을 수 있는 동료애로 바꾸려 노력한다.

중독과 인간의 교류에는 부정할 수 없는 연관성이 있다. 중독 전문 상담가 로저 스타크(Roger Stark)는 그 연관성을 다음과 같이 표현한다.

인간관계가 우리에게 주는 이점이 있는데, 삶에 인간관계가 부재해 그 혜택을 누리지 못할 때 이를 대체하고자 종종 중독 현상이 일어난다. 우리는 오직 건강한 인간관계를 발전시켜 유지해야만 양육될 수 있고 편안함을 얻을 수 있다는 사실을 중독을 통해 알려고 애쓴다.

중독은 단순한 행동 이상이다. 중독은 감정적 애착이나 인간관계와 함께 시작된다. 알코올, 약물, 음식, 도박 등의 행위에 정서적 유대감이 형성되는데 이는 곧 강박적 애착으로 발전한다. 그래서 그 대상이 없으면 견디지 못하게 된다. 중독되는 대상은 중독자에게 가장 친한 친구, 연인 그리고 악마가 되어 그 사람을 파멸로 몰아넣을 것이다.[05]

치료사를 찾아간 뒤 놀이동산의 괴수 고질라처럼 미쳐 날뛰는 불안정한 내 정서 문제를 해결해 볼 마음에 소극적으로나마 과식자 모임에 나가기 시작했다. 음식은 나랑 가장 친한, 최악의 친구였다. 외롭고 갇혀 있다고 느낄 때마다 나는 음식에 의지했다. 병든 박쥐가 고립된 전쟁 포로에게는 일종의 친구가 되는 것처럼 나는 늘 음식을 달고 있었다. 뭔가 불편한 기분이 들 때 음식이 눈에 들어오면 다른 것은 신경 쓰지 않아도 됐다.

나는 온라인에서 '인 더 룸스(http://www.intherooms.com)'라는 멋진 지원 그룹을 찾았다. 다양한 유형의 중독자 모임에 화상으로 참여할 수 있는 그룹이다. 나도 이 모임에서 후원자를 찾았다. 이외에도 정기적으로 모임에 참여해 함께 진심을 나누는 동료들을 만났다.

1938년에 윌리엄 그리피스 윌슨(William Griffith Wilson)이 만든 12단계 프로그램은 오늘날 여전히 그 마력을 발휘하고 있다. 12단계 프로그램은 어떤 종류의 중독에든 적용할 수 있다. 신과 밀접한 관계를 맺으며 다른 사람들과의 연결을 촉진하도록 도움을 주기 때문에 매우 유용하다. 이 프로그램은 당신만의 공원이 최대한 풍성해지는 데 도움을 준다. 12단계의 강령을 여기에서 소개하겠다.

1. 우리는 중독된 것에 무력하며 삶을 관리할 수 없는 지경에 이르렀음을 인정했다.

2. 우리는 자신보다 더 큰 힘이 맑은 정신을 회복할 수 있게 해 줄 것임을 믿는다.

3. 우리는 신을 이해했으므로 우리의 의지와 삶을 신께 맡기기로 결심했다.

4. 우리는 철저하고 두려움 없이 자신에 대한 도덕적 평가를 끝냈다.

5. 우리는 우리의 잘못에 대한 정확한 본질을 신, 우리 자신 그리고 다른 사람에게 인정했다.

6. 우리는 신이 이 모든 결점을 제거할 수 있도록 준비를 마쳤다.

7. 우리는 신께 우리의 결점을 없애 달라고 겸허하게 요청했다.

8. 우리는 해를 끼친 모든 사람의 목록을 만들어 그들 모두에게 기꺼이 보상할 의지를 갖게 되었다.

9. 우리는 다른 사람에게 해가 되지 않는 한, 할 수 있는 데까지 우리가 피해를 끼친 사람들에게 직접 보상을 했다.

10. 우리는 개인적 성찰을 통해 잘못이 있을 때마다 즉시 시인했다.

11. 우리는 기도와 명상을 통해 신을 이해하게 된 바대로 신과 의식적 접촉을 높이고자 노력했다. 또한 우리를 위한 신의 뜻을 알게 해 주고 그 뜻을 이행할 수 있는 힘을 주도록 신께 간구했다.

12. 이런 단계들을 거친 결과, 우리는 영적으로 각성했고 다른 중독자들에게 이 메시지를 전달하려고 노력했으며, 일상의 모든 면에서도 이러한 원칙을 실천하려 했다.

12단계 프로그램을 경험하는 것은 애벌레에서 나비로 변하는 변태 과정을 거치는 것이다. 12단계 프로그램은 대대적인 혁신 작업이다. 이 작업이 끝나면 기초가 탄탄한 아름다운 집을 짓게 된다. 혼자만의 힘으로는 절대 할 수 없는 일을 해내기 위해 신과 공동체의 지원이 모두 필요하다는 것을 믿는 것이 12단계 프로그램의 근간이다. 혼자만의 섬을 떠나 본섬으로 가는 것이다. 개인적으로 나는 이 프로그램을 통해 정서적으로 건강하며 생산적인 방법으로 신, 나 자신 그리고 다른 사람들과 연결되는 방법을 완벽하게 배울 수 있었다.

12단계 모임은 매우 특별한 만남이다. 이 프로그램은 사람들이 숨어 있던 곳에서 나와 최악의 상태임을 시인할 수 있는 공간을 제공한다. 가장 어둡고 암울한 광란의 모습을 고백할 수 있게 해 준다. 다른 사람들도 모두 같은 이야기를 하는 것 같다는 것이 이 모임의 미덕이다. 부끄럽고 후회스러운 순간을 서로 나누며, 동감의 의미에서 슬픈 미소를 짓고 고개를 끄덕이는 것을 보면 놀라우면서 동시에 안도감이 든다. 나는 과식자 모임을 통해 치유와 변화에서 이해와 공감이 얼마나 큰 힘을 발휘하는지 느낄 수 있었다. 또한 각자의 이야기를 함께 나누는 것이 중요하다는 신념을 다시 한 번 확인할 수 있었다. 우리는 함께 이야기하고, 서로 들어 주었다.

나는 12단계 프로그램 강령 중 4단계와 9단계를 통해 삶의 어두운 부분을 치유하고 사람들과의 연결을 강화하는 데 가장 효과적인 도움을 얻었다. 그것은 철저하고 두려움 없이 자신에 대한 도덕적 평가를 끝낸 뒤, 보상을 하는 것이었다. 그래서 나는 전화기를 집어 들고 사과를 하기 시작했다. 처음에는 겁도 나고 전혀 유쾌하지 않았다. 그런데 가족 중 한 사람과 통화를 한 뒤 생애 통틀어 가장 만족스러운 대화를 했다는 충만함을 느꼈다. 겸허하게 대화를 시작했다.

"그러니까, 그때 기억 나? 그때 못되게 행동한 것 정말 미안해. 이제야 반성할 게 많다는 걸 깨달았어. 내가 너무 서툴고 못되게 굴었던 거 정말 미안했어."

미안하다고 말한 것도 만족스럽지만 상대방이 그 사과를 진심으로 받아들이는 것을 들으면 기쁜 마음은 배가 된다.

"아, 나라고 완벽한 것도 아닌데 뭘. 관계라는 게 힘들 때가 있는 거지. 나도 미안해."

손이 묶인 사람들이 서로 먹여 주는 천국의 잔칫상 같은 통화였다. 자아가 가장 아름다운 방법으로 녹아내렸다. 나는 거기에 중독되고 말았다. 그다음부터는 사람들에게 미안하다고 말하는 것을 멈출 수가 없었다. 크든 작든 잘못한 일에 대해 사과를 할 때마다 기분이 점점 더 가벼워졌기 때문이다. 심지어 이 글을 쓰고 있는 지금 이 순간에도 사과를 할 사람 몇 명을 더 생각할 수 있다. 사과와 보상을 한다는 생각 자체는 여전히 나를 긴장시키지만 이제는 용기를 내서 사과할 만한 가치가 충분히 있다는 것을 확실히 안다.

외롭다고 느낀다면 스스로에게 생산적인 질문을 해 보기 바란다. 살면서 사람들과의 진정한 연결 대신 다른 것에 몰두한 적이 있는가? 당신이 빠져 있는 대상은 TV인가? 아니면 음식? 직장? 약물? 알코올? 섹스인가? 나는 과식자 모임에서 자신의 이야기를 공유하려는 사람들의 정직함, 겸손함, 믿음 그리고 사랑의 영감으로 넘치는 멋진 모습을 봤다. 그리고 다 함께 치명적인 중독을 극복하기 위해 애썼다. 그곳은 사람들이 당신에게 도움이 되는 일을 할 수 있게 해 줘서 고맙다고 인사하는 장소이자 절실하게 변화를 갈구하는 사람들이 신과 함께하는 방법을 배우며 희망과 기적을 찾는 곳이다. 나는 12단계 프로그램을 경험한 사람들 사이에서 이루어지는 연결과 교류의 품격 그리고 겸손함을 연마하는 모습을 보고 놀랐다. 이런 변화를 경험하며 정서적 건강이 내가 맺는 인간관계의 품격에 어떤 식으로 영향을 미치는지 알게 됐다.

우리 내면에는 가끔 다른 사람들과 연결되는 능력을 방해하는 기능 장애가 발생한다. 당신은 분노를 조절할 수 있는가? 불안감이나 두려움은? 자신과 맺는 정서적 관계는 무엇인가? 어떤 것을 수치스러워하고, 두려워하는가? 혹시 자기 자신에게 심술궂게 행동하고 있지는 않은가? 궁극적으로 유의미한 공동체와 연결되는 방법은 스스로와 연결되고, 소통하는 것, 즉 다시 말해 "나 자신을 아는 것"이다. 그러니 먼저 자신과 애정에 근거한 관계를 구축하라.

사람들에게 온통 둘러싸여 있으면서도 내면은 고통스러울 정도로 외롭다고 느낄 수 있다. 그래서 만족스러운 공동체를 가진다는 것은 처음 생각했던 것보다 훨씬 더 친밀하고 사적인 작업이다. 신에게 의지할 때 당신의 삶에 선함, 지혜 그리고 사랑을 불러들일 수 있는 것처럼 공동체를 만들어 나갈 때도 안내와 지도를 받게 될 것이다.

마을을
위협하는 적
식별하기

자신에게 다정해지는 법을 배우면 다른 사람에게도 친절하고 다정해지기 쉽다는 것을 알게 된다. 수치심, 자아 그리고 비판은 마을에 있어서 '공공의 적'과도 같다. 이 공공의 적은 우리가 공동체를 찾지 못하게 방해할 수 있다는 점을 명심하자.

수치심

다른 사람에게 수치심을 주는 것은 그들과의 연결을 끊어 버리는 확실한 방법이기도 하다. 자신에게 수치심을 안기는 것 역시 다른 사람들과의 관계에서만큼 문제가 될 수 있다. 자신에게 수치심을 주는 행위는 뚜렷하게 드러나지 않을 때가 있는데 특히 그 점이 심각하다.

수치심은 자유의 반대어다.

수치심은 고립적이며 힘을 빼앗는다.

수치심은 "자신을 숨겨"라고 말한다.

숨어 있는데 얼마나 많은 친구를 사귈 수 있을까? 외로움에서 빠져나오려는 당신에게 수치심은 그다지 도움이 되지 않는다. 또한 전혀 생산적이지 못한 수치심의 덫에 빠지기는 너무도 쉽다.

기초 군사 훈련을 받을 때가 생각난다. 우리 조가 평가를 받는 날이었는데 그날 가장 뚜렷하게 생각나는 항목 두 가지는 훈련 평가와 장애물 코스였다. 신병들이 연습장에 모여 함께 소총을 이용해 다양한 동작을 연습하는 훈련이었다. 일종의 싱크로나이즈 수영 같은데 물이 아닌 땅에서 총을 들고 하는 것이다.

우리를 훈련시키는 하사는 사나운 사람이었다. 극적인 공포감을 조성하는 데 탁월한 조교였지만 사람들은 그를 진심으로 존경했다. 이 하사에게 몇 주째 훈련을 받고 있었는데 뭔가를 보여 줘야 할 때가 되자 숨이 턱 막히는 것 같았다. 하나의 그룹으로서 우리는 일사불란한 동작을 보여 주지 못했기 때문에 모두 스스로에게 매우 실망한 상태였다.

민간인의 관점에서는 이 훈련이 그다지 중요해 보이지 않을 수 있다. 그런데 기초 군사 훈련 중에는 내가 하는 행동 하나하나가 삶과 죽음에 직결된다고 믿게 되는 환경이 만들어진다. 하다못해 단추 하나 잠그는 것을 잊어버리는, 언뜻 보기에도 단순한 행동 하나 때문에 조원 전체가 오후 내내 푸시업을 하고 행군을 하는 기합을 받을 수 있다. 모든 행동이 다 중요하고, 하나라도 어기면 엄청난 결과를 몰고 온다고 믿게 훈련받는다.

평가가 끝난 뒤 하사가 우리에게 올 때 모두 '올 것이 왔구나. 충격에 대비해야 해'라고 생각했다. 그런데 하사는 긍정적이고 강인한 모습으로 다가와 우리가 예상했던 것과 다른 조언을 했다. 그는 실망감을 버리라고 말했다. 다음이 장애물 코스인데 실패에 대한 부담을 계속 짊어지고 있으면 거기에서도 실패하게 될 거라고 말했다. 그의 요점은 실패나 실수에 계속 젖어 있지 말라는 것이었다. 약해진 마음으로는 앞에 놓인 또 다른 중요한 임무를 수행할 수 없기 때문이다.

수치심을 떨쳐 버리는 방법과 관련해 친구에게서 이와 비슷한 통찰력을 얻었다. 다음은 친구가 내게 한 말이다.

고립되었다는 생각이 들었어. 새로운 곳으로 이사 온 지 얼마 되지 않은 때이기도 했고 개인적으로도 상황이 안 좋았거든. 나는 전혀 행복하지 않았고, 건강도 안 좋았어. 거기에 분명 수치심도 한몫한 거 같아. 에이미가 태어난 뒤 친구들과 더 이상 같은 입장이 아니라는 생각이 들었지. 엄마가 되니 사회생활이나 인간관계는 완전히 단절돼 버린 것 같다고 할까. 다른 사람에게 줄 수 있는 것이 아무것도 없다고 느껴졌어.

에이미를 낳기 전에는 대충이나마 그때그때 계획을 세울 수 있었어. 하지만 아이가 태어난 뒤에는 애 키우는 일에만 집중해야 했기 때문에 막상 성인들과 교류하고 접촉을 해야겠다 싶은 생각이 들었을 때는 주변에 아무도 없는 거야. 그 방면으로는 전혀 준비를 하지 못했거든. 그저 아기한테만 묶여 있었기 때문에 왠지 나는 재미있고 활동적인 친구와 사귈 자격이 없는 것처럼 느껴졌어. 그래서 사이클링 마마스 활동을 시작했어. 나 자신을 위해 정기적으로 무엇인가를 하고 사니까 사람들에 대해 가졌던 생각이 바뀌더라고. 사이클링 마마스에 가입한 일은 변화의 시작점이었어. 나는 지금도 발전하고 진화하는 중이야. 이제는 친구를 사귀려면 의도적으로 노력해야 한다는 것을 알아. 내 일을 하고 가족을 돌보면서 말이야. 지금은 예전처럼 숨고 스스로 고립되지 않으려고 매우 의식하고 있어.

긍정적인 말과 생각이 나를 강하게 만들어 준다는 말이 맞는 것 같아. 심지어 육체적으로도 강인하게 만들어 주지. 반대로 부정적인 생각은 나를 약화시키고 생기를 빼앗아 갈 거야. 수치심은 부정적인 생각 중에서도 최악이야. 그래서 의식적으로 수치심을 없애려 노력하고 있어. 나를 무력하게 만드는 것이 있다면 그건 피해야지.

수치심을 버릴 수 있는 힘을 가진다는 것은 내 본모습을 찾으면서 얻은 부산물이었어. 그렇게 하니까 다른 사람들이 나에 대해 생각하는 것이나 내게 기대하는 것을 떨쳐 버리기가 더 쉬워졌어. 전에는 주변 사람들의 비위를 맞추려 애쓰곤 했거든. 사람들의 기대에 부응하지 못하면 나 자신이 못나 보이고 부족하다고 죄책감을 느끼곤 했어. 그럴 땐 더욱 고립의 늪으로 숨어들고 싶었지.

하지만 활동적이 되면서 그런 유혹과 싸울 힘을 얻었어. 정서적으로 강하지 못하면 육체적으로도 힘을 얻을 수 없어. 특히 엄마로

서 좀 더 활동적이 되겠다고 결심한 것은 나의 가치를 주장하고 수
치심에서 자아를 해방시키는 첫 번째 단계였어. — 멜린다

수치심은 미래의 우리 자신과 주변 사람들에게 에너지와 빛을 가져
오려는 노력을 방해할 뿐이다. 완벽하겠다는 생각을 버리고 있는 그대
로 자신을 받아들이는 법을 배울 때 수치심은 줄어든다. 엘리자베스 길
버트(Elizabeth Gilbert)는 다음과 같이 말했다.

"광기에 굴복하고 자랑스럽게 엉망진창인 나 자신을 끌어안을 때,
엉망진창인 다른 사람들을 있는 그대로 받아들이고, 엉망진창인 세상을
그 자체로 기꺼이 받아들일 때 삶이 최고로 행복할 수 있다."

완벽한 사람은 없다. 모두가 조금씩 문제를 가지고 있는데, 그건 전
혀 수치스러운 일이 아니다. 오히려 기회다. 자신의 실수를 인정하는 것
을 두려워하지 말라. 되도록 자주 미안하다고 말하라. 아직은 그렇게 하
지 못하겠다면 믿을 수 있는 사람에게 당신이 저지른 끔찍한 일에 대해
고백해 보라. 내면의 어둠에 빛을 비추면 마법처럼 어둠이 사라지고 사
람들과 아름답고도 정직한 관계를 가꿔 나가는 데 도움이 될 것이다.

자아

10대 때 누군가 내게 이런 말을 했다. 다른 이와 대화를 나눌 때 그
목적은 상대방이 나를 좋게 느끼도록 만드는 것이 아니라 상대방이 자
기 자신을 좋게 느끼도록 만들어야 한다고. 처음 이 말을 들었을 때 참
신선하다고 생각했다. 당시 10대인 나는 여러 가지 면에서 스스로에 대

한 확신이 없었기 때문이다. 나는 종종 다른 사람들에게 나를 확실하게 부각시켜야 한다고 생각했다. 하지만 사람들은 그런 인식을 좋아하지 않았다. 여기에서 내가 흥미롭다고 여긴 점은 다른 사람들에게 나를 극구 칭찬하려 들지도 않았다는 것이다. 그 진정한 속내는 내가 다른 사람들보다 더 낫다고 생각했기 때문이다. 다른 사람과 비교해서 자신이 더 우수하거나 열등하다고 느낀다면 사람과 관계 맺는 일에 실패할 수밖에 없다. 두 가지 감정 모두 누군가를 비판하고, 비교하고, 영웅을 숭배하거나 폄하하는 자아에서 비롯된다.

우리는 자신이 세상을 어떤 관점에서 보는지 알고 있어야 한다. 자아의 안경과 영혼의 안경은 세상에 대해 두 가지 다른 관점을 보여 줄 것이다. 자아의 안경을 끼고 세상을 보면 당신은 가장 잘난 사람에서부터 못난 사람 순서로 정렬해 있는 줄 한가운데에 서 있는 자신을 발견하게 될 것이다. 당신이 늘 자아의 안경만 쓰고 있다면 자신이 얼마나 있나에만 몰두할 것이다. 자아의 안경을 끼고 마을 생활을 하면 사람들과 끊임없이 경쟁을 하게 된다. 서열밖에 안 보이기 때문이다.

하지만 영혼의 안경은 다른 관점을 제시한다. 영혼의 안경을 쓰면 사람들이 한 줄로 서서 서로 팔꿈치로 밀치기보다 동그랗게 서서 손을 잡고 있는 모습이 먼저 보일 것이다. 접촉하는 영혼 하나하나가 당신만큼 소중하고 중요하다는 사실을 보게 될 것이다. 모두가 태어날 때 이 땅에 가져오는 고유한 신성함을 먼저 보게 될 것이다.

또한 끝없이 광대한 은하수와 비교했을 때 우리가 얼마나 미미한 존재인지를 생각하면 희한하게도 안정감이 느껴진다. 영혼의 안경을 끼면 우리는 다른 모든 사람들과 똑같은 방식으로 강해지는 동시에 겸허해진다. 직장에서 해고되거나 자녀들이 모두 감옥에 가게 되거나 뭔가 잔인한 운명의 장난으로 당신의 얼굴 가운데에서 귀가 자라기 시작하는 이상한 일이 벌어진다 해도 영혼의 안경이 보여 주는 관점은 바뀌지 않을 것이다. 그리고 말하기보다는 듣는 일이 훨씬 더 쉬워질 것이다. 다른 사람에게 더욱 너그러워질 것이다. 영혼의 안경을 쓰면 사람들 모두를 있는 그대로 선명하게 볼 수 있기 때문에 이야기하기가 훨씬 쉬워질 것이다.

모두에게 영혼의 안경을 쓰라고 강력하게 추천한다. 영혼의 안경은 어떤 자아이든 희생해서 얻을 만한 가치가 있다. 그리고 당신이 삶을 함께 헤쳐 나갈 영혼의 자매를 찾는 데도 확실한 도움이 될 것이다.

비판

지금은 엄마 노릇을 하며 불안감에 휩싸일 수밖에 없는 시대다. 제대로 하고 있다는 생각이 들지 않고, 실수를 하기도 쉽다. 이때 다른 사람들로부터 확실하게 거리를 두려면 그들을 비판하면 된다. 특히 이제 막 엄마가 된 경우라면 남을 비판하는 오류에 빠지기가 쉽다. 다른 엄마를 보고 이렇게 생각하기기 아주 쉽다. '나라면 절대 저렇게 안 해. 저 여자는 대체 무슨 생각을 하고 있는 거지? 아이한테 저렇게 목소리를 높이면 안 된다는 걸 모르나? 난 아이를 낳으면 메리 포핀스처럼 모든 면에서 완벽한 톤으로 말할 거야.'

다른 사람들의 결점에 인내심을 발휘하기는 쉽지 않다. 특히 살면서 자기가 매우 나쁜 선택을 했던 것을 늘 기억해야 된다는 스트레스에서 잠시 도망가고 싶을 때 더욱 그렇다. 사실 우리는 다른 사람의 삶에 무슨 일이 벌어지고 있는지 알 수 없다. 스티븐 코비(Stephen Corvey)는 『성공하는 사람들의 7가지 습관』에서 이와 관련된 경험 한 가지를 소개한다.

일요일 아침 뉴욕 지하철에서 겪은 일 이후 인식 체계에 작은 변화가 일어난 적이 있다. 그날 지하철 안의 사람들은 조용했다. 신문을 읽는 사람이 있는가 하면 생각에 잠긴 사람이 있었고, 눈을 감은 채 휴식을 취하는 이도 있었다. 조용하고 평화로웠다. 그런데 갑자기 한 남자와 아이들이 우리 칸에 탔다. 아이들이 매우 시끄럽게 떠드는 바람에 분위기는 순식간에 바뀌었다.

아이들과 같이 탄 그 남자는 내 옆에 앉더니 눈을 감았다. 그런 상황을 의식하지 않는 눈치였다. 아이들은 지하철 앞뒤를 오가며 소리를 지르고 물건을 던지고 심지어 사람들이 읽고 있던 신문을 움켜잡기도 했다. 그렇게 거슬리는 상황인데도 옆의 남자는 앉아 있기만 할 뿐 아무런 조치도 취하지 않았다. 몹시 짜증이 났다. 아이들이 그렇게 난리를 치는데도 무심하게, 아무것도 하지 않고 책임도 지지 않는 그 남자가 도저히 이해가 되지 않았다. 객차 내에 있던 나머지 사람들도 매우 거슬려 한다는 것을 알아차릴 수 있었다. 결국 참을 만큼 참았다고 생각한 나는 그에게 이렇게 말했다.

"저, 실례합니다만 저 아이들 때문에 사람들이 불편해하고 있는데요. 주의를 주셔야 하지 않을까요?"

이 말에 남자는 그제야 상황을 처음 인식한 듯 시선을 들고 조용히 이렇게 말했다.

"아, 그렇군요. 아이들을 챙기겠습니다. 지금 막 병원에서 오는 길인데 저 아이들 엄마가 한 시간 전에 죽었습니다. 뭘 어떻게 해야 할지 멍합니다. 아마 아이들도 어떻게 감당해야 할지 몰라서 그런 것 같습니다." [01]

다른 사람을 비판하기는 쉽다. 당신 스스로 명석하다고 생각한다 해도 누군가를 향해 쉽게 하는 비판은 대개 쓸모없고 도움이 되지 않으며 정확하지도 않다. 그리고 우리가 다른 사람에 대해 많이 알고 있기에 그들을 비판할 수 있다고 생각하고 싶을 때가 있다. 하지만 사람은 매우 복잡한 존재이고 내면 깊은 곳의 어두운 부분까지 밝히는 것을 꺼리는 경우가 많다. 그렇기 때문에 아무리 가까운 사람이라고 해도 속속들이 다 알 수는 없다. 내가 아는 게 없다고 생각하니 사람들에 대한 악의 대신 연민을 느끼는 데 도움이 된 적이 많다. "나는 그들의 사정을 몰라. 정말 믿기 힘든 속사정이 있을 수 있어"라고 스스로 되새기는 게 큰 도움이 됐다.

마을을 만들기 위해 사람들을 끌어모을 때 다른 이들을 격려하고, 인내심을 가지되 비판은 하지 않는 것, 무엇보다 경쟁하려 들지 않는 것이 최선임을 나는 깨달았다. 엄마로서 불안정한 상황에서는 내가 다른 사람보다 낫다고 생각해 누군가를 비판하고 싶은 유혹이 생길 수밖에 없다. 솔직히 엄마 노릇을 하다 보면 자아에게는 잔혹해질 수 있다. 그래서 오랫동안 보살피지 못한 자아를 달래 주기 위한 방편으로 남을 비판하게 되는 것이다. 폭탄이라도 맞은 듯 엉망진창인 머리에, 옷에는 오트밀 자국이 묻어 있고, 정신은 몽롱한 상태인 채로 엄마로서 자신의 가치를 느끼기는 매우 힘들다.

기꺼이 자신의 연약함을 드러냄으로써 오히려 더욱 강해진 여성들의 사례 몇 가지를 소개하겠다.

> 내 인생 최악의 순간 중 하나는 여섯 달 된 아이를 데리고 혼자 필라델피아에 갔을 때예요. 아기가 잠을 자지 않고 애를 먹였어요. 한 시간마다 일어나서 울고 악을 써 대는데 어찌할 바를 모르겠더라고요. 침대에 누운 아이를 안아 주고 다시 눕히고를 반복했죠. 그러다 참지 못하고 결국 아기에게 소리를 질렀어요. 이내 내가 너무 끔찍한 엄마인 것 같아 죄책감이 들었어요. 흥분을 가라앉히기 위해 나는 방에서 나와 요가와 깊은 심호흡을 하려 노력했어요. 제정신으로 돌아오기 위해 뭔가를 해야 했어요.
>
> 잠시 뒤에 흥분은 가라앉았지만 여전히 죄책감을 느끼며 친구들에게 전화를 걸었어요. 친구들은 "세상에, 샌드라. 엄마라면 누구나 다 그래. 잠은 안 자고 빽빽 울어 대는 아기를 어떻게 다뤄야 할지 몰라 울면서 옷장에 들어가 앉아 있는 경우도 아주 많아"라고 말해 줬어요. 그 말을 들으니 더 이상 내가 최악의 엄마라고 생각되지는 않았어요. 다른 엄마들도 똑같이 힘들어한다는 것을 알게 된 게 저에겐 큰 도움이 됐죠. — 샌드라

남편과 나는 3년 반에 걸쳐 세 아이를 낳았어요. 아이들이 모두 어리기 때문에 힘든 것은 말할 것도 없고, 말을 배우는 게 느리고 학습 장애가 있는 아이가 있어서 유독 더 힘들었어요. 그런데 내 시누이는 완전히 다른 삶을 사는 듯했어요. 남편이 의사라 우리처럼 돈 때문에 힘들지도 않았어요. 시누이의 삶은 흔들림이 없어 보였죠. 반면 나는 너무도 쉽게 인내심을 잃어요. 하루는 시누이와 이야기를 하면서 내 기질에 대해 언급하고 어떻게 아가씨는 아이들에게 소리 한 번 안 지르느냐고 물었어요. 그러자 시누이가 말했어요.

"언니랑 오빠는 정말 상황이 힘들잖아요."

이 말을 듣자 뭔가 인정을 받은 것 같았어요. 나에 대해 비판을 하며 나를 더 비참하게 만들지 않고 "지금 힘든 일을 겪고 있잖아요. 아주 잘하고 있는 거예요. 그 이상 어떻게 더 잘해요?"라고 말해 주는 것이 아주 큰 힘이 되었답니다. ─ 애나

남을 쉽게 비판하지 않으려면 연습이 필요하다. 비판을 하지 않게 되면 다른 사람들이 비판적이 되는 것도 싫어하게 마련이다. 이 수준에 도달하면 그다음에는 "역겨울 정도로 남을 비판하는 사람은 비판해도 되지 않을까?"라는 어려운 질문을 받기도 한다. 그 답도 역시 '안 된다'이다. 상습적으로 남을 비판하는 사람을 비판하지 않는 경지에 오르면 아마 정기적으로 7차원에 사는 스타워즈의 요다 스승 같은 영적 존재가 보이기 시작할 것이다. 무엇보다 당신에게 좋은 일이다.

핵심은 자신을 추켜세우기 위해 다른 사람들을 짓밟지 않고, 자신이

불완전한 존재임을 겸허하게 받아들이면서 당신의 신성한 가치와 당신이 만나고 교류하는 사람들의 신성한 가치를 기억하는 것이다.

수년 전 어떤 사람이 매우 짜증스럽게 느껴지던 때가 있었다. 그녀 때문에 계속 신경이 거슬렸다. 매일 기도하는 습관을 가지도록 교육받고 자란 나는 어느 날 무릎을 꿇고 불편하고 짜증스러운 마음을 하느님께 보이며 기도를 했다. 사랑이나 자비 같은 것을 바라는 기도가 아니라 그저 짜증스러움을 해소시킬 수 있는 정도를 바랐다. '이 사람 정말 미친 거 맞죠? 이랬다저랬다…… 그러니까 제 말은…… 주님도 아시리라 믿어요……'라고 기도했다. 순간 마법 같은 일이 벌어졌다. 아주 커다랗고 압도적인 사랑이 밀려오는 느낌, 하느님이 나에게 '나는 그 사람을 매우 사랑한단다'라고 말한 것처럼 느껴졌다.

나는 그 사람에 대한 하느님의 사랑과 존중에 놀랐다. 그때까지 내가 그다지 중히 여기지 않은 사람인데 말이다. 그 순간 나는 하느님은 모든 사람을 사랑한다는 간명한 사실을 상기하는 것 이상을 경험했다. 나는 어렴풋이 하느님의 사랑을 받았고, 그 사랑의 일부분을 느낄 수 있었다. 그리고 나를 좌절하게 만드는 사람을 만날 때마다 종종 그 느낌을 상기하게 됐다.

비판을 유보하는 것은 거의 내면에서 이루어지는 작업이다. 당신이 조용히 누군가를 비판하고 못마땅해하는 감정을 감추고 있다고 생각해도 실은 아무도 속이지 못한다. 사람들은 안다. 당신의 마음이 사람들에 대해 느끼는 감정을 그들은 감지하고 있다.

남을 쉽게 비판하지 않기 위해 일단 말을 아끼는 것부터 시작하는 것이 좋다. 하지만 가장 진정한 모습의 자아를 내놓으려면 진지하게 좀 더 다정하고 이해심 많은 사람이 되기 위한 노력을 해야 한다. 그런 사람인 척하는 게 아니라 진짜 그런 사람이 되도록 노력해야 한다.

비판하지 않는다는 것은 계속해서 용서한다는 의미다. 디히터 우치도르프(Dieter F. Uchtdorf)는 "용서는 원칙을 연결한다. 용서는 사람을 연결한다. …… 정직의 길로 들어서는 시작이고, 행복한 가정을 위한 최고의 희망이다"[02] 라는 아름다운 말을 했다.

마을을 위협하는 여러 가지 적들 중 세 가지만 거론했지만 적은 생각보다 훨씬 더 많다. 인간관계를 강화하고 사람들과 관계 맺기를 할 때 또는 반복되는 방식을 개선하고 싶을 때 읽으면 좋을 책으로 앨런 맥기니스(Alan McGinns's)의 『우정의 요소(The Friendship Factor)』를 추천한다. 맥기니스는 나 자신의 인간관계를 우선순위로 두지 않기, 다른 사람들에게 마음을 열지 못하는 것, 다른 사람들에게 공간 주지 않기, 부정직하기, 가능한 많은 친구를 사귀려 하기, 뒤에서 조정하기, 감사와 사랑의 말 하지 않기 등 여러 공공의 적에 대해 언급한다. 좋은 친구가 되는 방법을 배우려면 시간이 걸린다. 특히 당신이 아무것도 없는 상태에서 처음부터 시작하려 한다면 더 많은 노력을 해야 할 것이다. 그것은 그만한 가치가 있는 일이다.

이번 장에서는 당신의 내면은 공동체의 품격과 직접적으로 연관되어 있다는 것이 요점이다. 수치심, 자아 그리고 비판으로부터 자신을 보호하는 좋은 방법은 자신의 내면과 당신이 접촉하는 모든 사람들의 내면에 있는 신이 부여한 가치를 이해하고 그것에 감사하는 것이다.

동료 엄마들을
위해
봉사하기

봉사는 사람을 변화시킨다.

봉사는 우리를 순수하게 만들며, 좀 더 나은 시각을 갖게 한다.

그리고 우리 안에 있는 것 중 최고를 끌어낸다.

안으로 수그러들지 않고 밖을 보게 하며,

내 것보다 다른 사람의 필요를 먼저 고려하도록 촉진시킨다.

———— 데릭 쿠스버트

내 친구 중 한 명은 매일 자기 자신, 아이들 그리고 공동체를 위해
무엇인가를 하려고 노력한다. 가령 뭔가를 구워서 만드는데(그녀가 좋아

하는 일이다) 그 작업을 아이들과 함께한다(아이들이 좋아하는 일이다). 그리고 만든 것을 이웃에게 나눠 준다(이웃들이 좋아하는 일이다). 멋진 생각 같아서 나도 해 보기로 했다. 실제로 해 보니 거의 꼬박 하루 이상이 걸렸다. 이미 바쁘고, 피곤하고, 감당할 수 있는 것 이상의 일을 하는 엄마의 삶에 봉사를 끼워 넣는다는 것은 힘든 일이다.

부메랑 던지기

삶과 마찬가지로 봉사도 신중하게 접근해야 한다. 봉사를 하면 삶이 풍부해지고 심지어 에너지를 얻을 때도 많다. 다른 사람을 도우면 새로운 시각에서 자신의 문제를 볼 수 있게 된다. 봉사를 통해 삶의 무게를 가볍게 할 수 있다. 그리고 가끔은 그리 많은 노력을 들이지 않고도 봉사를 할 수도 있다.

집의 데크를 고치기 위해 목재를 사러 건축 자재 판매장에 갔을 때 일이다. 나는 빨리 일을 마치기 위해 서둘렀다. 목재를 차에 싣기 위해 매장 직원에게 도움을 청하자 젊은 청년이 왔다.

그가 차에 목재를 싣고 있을 때 나는 필요한 정보를 찾으려고 휴대폰을 꺼내 들었다. 그런데 놀랍게도 그 청년은 나와 이야기를 하고 싶은 눈치였다. 그가 뭔가를 물어보았다. 자세히 기억이 나지는 않지만 어떻게 살아야 하나에 대해 깊이 고민하다 나온 질문이었다. 그래서 바빴지만 좀 더 너그러워지기로 결심하고 그 청년의 말에 집중했다. 그는 장래성이 없는 일에 묶여 지낸다고 생각하는 듯했다. 그는 책 읽기와 시 쓰기를 좋아하고 넓은 세상을 보고 싶어 했다.

나는 청년을 격려했고, 글쓰기가 얼마나 충만한 작업인지에 대해 이야기했다. 그리고 나도 세상을 탐험하는 일을 무척 좋아한다고 말했다. 그 대화는 우리 두 사람 모두에게 좋은 경험이었다. 그 청년을 위해 조금이나마 에너지를 끌어낼 수 있어서 좋았다. 청년 덕분에 나는 경험 많고 지혜로운 연장자가 된 기분이 들어서 좋았고, 그는 자신의 이야기를 들어주는 사람이 있는 것에 고마워하는 것 같았다. 바빠서 서두르는 중에 설마 공통점이 있을 거라 생각하지 않았던 누군가와 의미 있는 연결의 시간을 가질 수 있었다는 점 그리고 낯선 청년이 내가 한 경험과 열정의 가치를 깨닫도록 도와주며 내 감정의 탱크를 채워 주었다는 사실이 놀라웠다.

하지만 일을 너무 벌여서 그르친 적도 있다. 아이들과 남편 그리고 나 자신을 위해 아껴 둬야 할 에너지를 다른 사람들을 위해 봉사한다며 마지막 한 방울까지 쥐어짜 다 써 버린 적이 한두 번이 아니다. 그렇다면 봉사를 해서 나 자신이 충만해지는지, 아니면 소진되는지는 어떻게 알 수 있을까? 그럴 때는 신비주의에 기댄다.

도움을 필요로 하는 사람들은 많다. 하지만 모든 사람을 다 도울 수는 없을 것이다. 당신의 에너지를 어디에 집중시켜야 하는지 알려면 신과 연결되고 영감을 찾으려 노력하는 방법이 효과적이다.

어렸을 때 루마니아에 사는 먼 친척의 연락처를 알게 된 적이 있었다. 그 사람과 연락하고 싶은 흥분감에 나는 편지와 함께 돈을 약간 보냈다. 5달러도 안 되는 아주 적은 돈이었다.

얼마 뒤 친척으로부터 상냥한 답장을 받았다. "편지와 돈을 보내 줘서 고마워. 하지만 나는 성인이고 좋은 직업도 가지고 있어. 그러니 어린 네가 돈을 보낼 필요는 없단다"라는 내용이었다. 나는 그들이 루마니아에 살기 때문에 가난할 거라고 지레짐작을 했던 것이다. 그래도 내 칭찬을 하자면, 그때 나는 어려서 지혜롭지 못했지만 그 일에서 얻은 교훈을 간직했다. 맹목적으로 주는 것은 좋지 않다. 다른 사람을 제대로 도우려면 먼저 도울 사람을 잘 알아야 한다.

영감의 힘을 얻어서 신중해지는 것이 필요하다. 내 친구 중 하나가 갑자기 살던 곳을 떠나 새로운 도시로 이사를 가게 됐다. 많은 사람들이 선의에서 그녀를 도와줬고 나도 동참했다. 그녀의 집에 가서 몇 시간 동안 집 청소와 정리를 도와준 것이다. 일을 모두 마치고 집에 돌아왔는데, 내 집은 완전 엉망진창이었다. 그걸 보니 이런 생각이 들었다. '내 집은 이렇게 엉망으로 해 놓고 남의 집 청소를 해 준다고 돌아다니다니, 대체 무슨 정신으로 사는 거지?' 일단은 현명하지 못했다는 생각이 들었다.

그런데 그때 시어머니가 전화를 해서 가족들이 올 때를 대비해 집 청소를 해 줄 사람을 고용하려는데 원한다면 우리 집에도 보내주겠다고 했다. 덕분에 우리 집은 그 어느 때보다 더 깨끗해졌다. 부메랑을 던지면 던진 사람에게 다시 돌아오듯 봉사도 제대로 하면 좋은 결과가 부메랑처럼 돌아온다. 너그러움과 충만한 영감으로 봉사의 부메랑을 던진 엄마들의 이야기를 소개하겠다.

먼저 아델의 이야기를 들어보자.

남편과 나는 두 아이가 어릴 때 캐나다에서 호주로 이주했어요. 남편은 호주에서 척추 지압사 훈련을 받는데 출장을 가는 일이 잦았고 그래서 며칠씩 집을 비우곤 했지요. 남편의 출장이 길었던 어느 날 큰 곤경에 빠지게 되었어요. 그때 첫째는 세 살, 둘째는 태어난 지 다섯 달 정도였어요. 둘째 미아를 안고 식료품을 옮기고 있었는데, 마지막에 아이와 식료품을 모두 든 채 자동차 트렁크 문을 닫으러 갔어요. 그리고 갑자기 등쪽으로 심한 통증이 왔어요. 미아를 침대에 내려놓을 수도 없었어요. 우리 집에는 아이들이 안전하게 놀 수 있도록 빙 두른 아기 울타리가 있었어요. 나는 아이를 바닥에 눕혀 젖을 먹인 다음 울타리로 기어가 그것을 들어올려 아이를 그 안으로 밀어넣고 다시 똑바로 세웠어요. 큰 아이는 아직 혼자서 뭔가를 마실 수 없었기 때문에 나는 몸을 밀어 아이에게 가서 마실 것을 줘야 했어요. 무슨 일을 하든 엄청 힘들고 끔찍하게 아팠어요. 살면서 맛본 가장 극심한 통증이었죠.

그날 오후 늦게 친구인 캐롤라인이 전화를 했어요. 내가 전화를 받지 않자 그녀는 남편에게 전화했어요. 남편은 캐롤라인에게 우리 집에 일이 생긴 것 같으니 가 달라고 부탁했어요. 우리 집에 온 캐롤라인은 기어 다니고 있는 나를 발견했어요. 그녀는 아이들이 모두 잠들 때까지 나와 함께 있어 줬어요. 당시 그녀도 임신 중이었지만 아이들을 재우고 세탁기 안에 있던 젖은 빨래들을 꺼내서 널어 줬어요. 그리고 돌아가기 전에 자는 아이들을 확인하고 나에게는 물을 한 잔 가져다줬어요. 캐롤라인은 그날 나를 구조했어요. 나는 아이를 들지도 못하는 상태였고 남편이든 어머니든 아무도 나를 도와주러 올 수도 없는 상황이었으니까요.

그녀는 나에게 문제가 발생했다는 것을 알고 구하러 와 줬어요. 캐롤라인은 내가 결코 잊지 못할 밝은 빛과 같아요.

캐롤라인이 출산을 위해 진통과 싸우며 힘들어하고 있을 때 그녀의 어머니가 전화로 그 사실을 알려줬어요. 나는 즉시 병원으로 가 캐롤라인의 곁을 지켰죠. 그녀는 침착하게 긴장을 풀려고 애쓰는 중이었고 나는 그녀를 도왔어요. 그녀의 어머니는 병원에 있지 않아도 된다고 했지만 나는 캐롤라인이 집으로 가라고 할 때까지 함께 있겠다고 말했어요.

다음은 멜리사의 이야기다.

레이첼 언니 가족이 멀리 이사 갔을 때 참 슬펐어요. 언니를 나의 안전망으로 생각했기 때문에 특히 힘들었죠. 2년 전 남편이 언니가 사는 도시의 학교에 일자리를 얻게 되었을 때 정말 뛸 듯이 기뻤어요. 남편은 학교 일 때문에 바빠서 나와 아이 둘만 남겨 두고 집에 없는 때가 많았는데, 제게는 언니가 있어서 다행이었죠. 언니는 내게 걱정이나 문제가 생기면 언제나 의지하게 되는 그런 사람이었으니까요.

언니에게 기대는 일이 잦다 보니 언니가 이사 간다는 소식을 받아들이기 힘들고 많이 애석했어요. 그나마 위안이 된 것은 언니도 이사 가는 것이 힘들기는 매한가지였다는 거죠. 그래서 나는 골을 부리며 나 자신이 안 됐다고 여기지 말고 할 수 있을 때마다 언니를 돕기로 했어요. 어떤 날은 하루 종일 언니 집에 있으면서 언니가 필요로 하는 일은 무엇이든지 다 도왔어요. 그렇게 하니 나 자신이 아닌 다른 일에 집중하는 데 도움이 되었고, 그것이 언니를 진정으로 축복하는 일이라는 것을 알게 되니 마음이 편안했어요. 언니의 짐을 들어 주면서 내 짐의 무게가 덜어지는 것을 느꼈어요.

스코틀랜드 애버딘에서 둘째 아이를 낳은 뒤 참여한 봉사 활동에서 생애 가장 충만한 경험을 했다. 임신 기간이 너무도 힘들었던 터라 다른 임산부들을 위한 활동을 하는 것이 내가 해야 할 의무라고 생각했다. 나는 그들의 이야기를 들어 주고 멋지다고 격려해 주었다. 임신으로 겪을 수밖에 없는 속 쓰림, 요통, 피로감, 피부 건조증, 정서적 불안정 등 임신 상태가 얼마나 힘든지를 공감했다. 엘리엇이 태어나고 한 달쯤 지난 뒤 교회에서 첫 아이를 임신해 힘든 시간을 보내는 새러에게 기분이 어떤지 물었다. 그러자 새러가 갑자기 울음을 터뜨렸다. 우리는 교회 뒤편에 앉아 힘들지만 임신 기간이라 느낄 수 있는 좋은 면에 대해 조용히 이야기를 나누고 전화번호를 교환했다.

새러는 그다음 주 일요일 교회의 엄마 휴게실에 있는 나를 찾아왔다. 그녀는 아기를 낳는 것이 불안하고 낳은 다음에는 무엇을 어떻게 해야 할지 모르겠다고 말했다. 새러는 모유 수유에 대해서도 물었다. 나 역시 모유 수유 때문에 힘들었기 때문에 아는 것을 적극적으로 알려 주었다. 또한 아기가 태어나면 새러에게 여러 요령을 가르쳐 줄 수 있을 거라고 생각했다.

몇 주 뒤 새러는 건강한 사내아이를 낳았다. 그런데 그녀는 출산하던 중에 뇌졸중이 발병했고, 아기를 낳고는 일주일 뒤 세상을 떠나고 말았다. 그녀가 떠나고 난 다음 교회에 갔더니 한 여성이 수유 관련 물품이 들어 있는 가방을 내게 건넸다. 가방 안에는 파란색과 하얀색이 섞인 예쁜 수유용 브래지어도 들어 있었다. 교회에 젊은 엄마들이 꽤 많았기 때문에 누가 그 브래지어를 줬는지 알 수가 없었다. 나는 감사를 표하며 물품 값을 원하는지 물었다. 그러자 그녀는, "아니에요. 이 물건들은 원래 목적대로 사용될 수 없으니……"라며 말을 잇지 못했다.

그 물건은 새러의 것이었다. 새러가 아기에게 수유를 할 수 없다는 상황이 비극적이라는 생각이 들었다. 처음에는 그녀가 남긴 수유용 브래지어를 착용하고 싶지 않았다. 입을 때마다 새러의 비극이 생각날 것 같아서였다. 하지만 마음을 바꿔 아이들에게 엄마 노릇을 할 수 있는 내가 얼마나 축복을 받았는지 생각하며 감사하는 마음으로 그 브래지어를 사용하기로 했다.

몇 주 뒤 나는 새러의 남편을 저녁 식사에 초대했다. 그는 갓 태어난 아들 로건을 데리고 왔다. 나는 아기를 안고 입맞춤을 했다. 아이의 엄마가 나처럼 아들을 안고 입맞춤할 수 없다는 생각을 하니 울고 싶어졌다.

함께 저녁 식사를 하고 시간을 보내는데 아기가 칭얼거리기 시작했다. 배가 고픈 것이었다. 나는 아기에게 젖을 먹여도 되는지 아기 아빠에게 허락을 받은 다음 침실로 데려갔다. 나는 파란색과 하얀색이 섞인 새러의 예쁜 브래지어 걸쇠를 푼 다음 아기에게 젖을 먹였다. 로건을 돌보는데 새러가 그 자리에 함께 있다는 느낌이 들었다. 새러가 그녀의 남편과 아기가 필요한 도움을 받도록 돕고 있다는 생각이 드니 감정이 북받쳤다. 세상을 떠난 엄마와 그런 식으로 연결되는 것은 참으로 특별한 경험이었다.

많이 모일수록, 더 즐겁게

봉사를 할 때 혼자 해야 할 필요는 없다. 뭉치면 서로에게 힘이 된다. 좋은 일을 할 목적으로 모인 사람들을 찾는 것은 언제나 멋진 일이다. 『코발리스 가제트 타임즈(Corvallis Gazette Times)』에 「시골 지역 여성들, 행복한 일꾼으로 연합하다」라는 제목의 기사가 올라온 일이 있었다. 시골 지역 여성들이 연결되고 교류해서 서로의 삶에 변화를 이끌어 낸 모습을 소개한 기사였다. 칼럼니스트 캐시 다우닝(Kathi Downing)은 다음과 같이 말한다.

"레비스 파이저(Levis Pizer)는 1920~30년대 여성들의 고된 삶을 회상한다. 그들은 번잡한 도시에서 멀리 떨어진 곳에서 돈도 충분하지 않고 차도 없는 데다 다른 사람들과의 접촉도 거의 없이 살았다. 그들은 매일 대부분의 시간을 정원 가꾸기, 저장 음식 만들기, 바느질, 요리, 자녀 돌보기를 하며 보냈다. 그들은 항상 새 소식과 다른 여성들과의 우정에 목말라했다."[01]

열한 명의 여성들이 1.5킬로미터 거리를 걸어 한 달에 한 번씩 모임에 참석했다. 두 번째 달에는 열아홉 명으로 늘어났다. 모임은 수년에 걸쳐 이어졌고 회원은 점점 더 불어났다. 그들은 이 모임을 '행복한 일꾼 클럽'이라고 불렀다. 회원들은 서로의 생일과 베이비샤워(임신한 것을 축하하기 위해 친구들이 아기 용품을 선물하는 축하 파티-옮긴이)를 즐겼다. 제2차 세계 대전 중에는 모여서 군용 제품에 필요한 바느질을 하거나 적십자에서 사용하는 붕대를 정리하는 일을 했다. 이들은 학교 건물을 구입하는 등 여러 가지 대의를 위한 기금 조성에도 참여하며 지역 공동체에서 행동의 중심 세력이 되었다. 마을의 응급 사태나 위기 때는 누구보다 앞장서서 일을 하기도 했다.[02]

회원 중 한 명인 앨리슨 핑커튼(Allison Pinkerton)은 『헤럴드 트리뷴(Herald Tribune)』에 「다른 사람을 위해 즐겁게 퀼트를 만드는 작업」이라는 제목의 글을 기고했다. 임마누엘 루터 교회의 도르가 퀼팅 선교 사업에 대한 글이었다. 40명 이상의 여성이 10월부터 이듬해 4월까지 매주 월요일 아침에 모여 루터 교회의 세계 구호 사업에 쓰일 퀼트를 만들었다. 이들은 기름칠이 잘된 기계처럼 바느질 시즌 한 번에 약 750장의 퀼트를 만들어 냈다. 바느질 부, 재단 부, 조각 맞추기 부로 나뉘어 작업이 이루어지는데, 퀼트의 패턴은 간단하게 하면서 그것을 사용할 사람들이 따뜻함을 느낄 수 있게 하는 데 초점을 맞췄다. 기사는 "따뜻함과 휴식처의 느낌을 자아내는 세계 구호 사업 퀼트는 아기 이불 등으로 사용할 수 있다"고 말한다. 퀼트를 내보내기에 앞서 이들은 다음과 같이 기도를 한다.

"퀼트와 그것을 만든 사람들, 그리고 그것을 사용할 사람 모두를 축복하소서."[03]

기사 내용에는 바느질을 담당한 재키 밀러(Jackie Miller), 베티 켈러(Betty Keller), 앤 디히터(Ann Dieter)의 인터뷰도 포함되어 있다. "여성들은 모임과 회원들의 우정을 매우 소중하게 여긴다. 밀러는 여름이 되면 모임이 다시 시작될 거라는 기대감에 마음이 한껏 부풀어 오른다고 말했다. '동료애가 참 좋아요.' 재봉틀에서 작업을 하던 베티 켈러의 말이다. 천을 사각으로 자르고 있던 앤 디히터가 한마디 보탠다. '내 삶에서 가장 즐거운 부분이에요.' 밀러는 '여기 회원들은 이 일을 좋아합니다. 서로 함께하는 것을 즐기면서 누군가를 돕는 일까지 하는 거죠. 더 이상 뭘 바라겠어요?'"[04]

퀼트를 만드는 이 여성들은 함께 모여 봉사 활동을 하고 그 대가로 충만함을 느꼈다. 그들은 함께하고 싶다는 목적과 동지애를 동시에 찾았던 것이다. 어디에서든 이 퀼트 모임 여성들같이 함께 모여 봉사할 수 있는 기회는 있다.

지난해 나는 사이클링 마마스 회원인 캐런에게서 이메일을 받았다. 니카라과의 한 주민회관에 공급할 물품 구성에 대해 의논하자는 내용이었다.

> 사이클링 마마스 회원 여러분 안녕하세요!
>
> 한 달 전쯤 휴가를 보내기 위해 니카라과에 갔었습니다. 멋진 휴가지였죠. 우리 가족의 숙소 가까이에 지역 주민 센터와 무료 급식소가 있어서 모두 함께 그곳을 방문했어요. 주민 센터는 히키리오(Jiquilillo) 마을에 있지만 인접한 다른 마을 두 곳도 이곳을 함께 사용

하고 있어요. 이 마을들은 모두 치난데가(Chinandega)에서 차로 40분 정도 떨어진 곳에 있습니다. 주민 센터 직원들과 이야기를 나누며 어떤 종류의 도움이 필요한지 물었어요. 여러 가지를 말했는데 우리 가족이 도울 수 있는 일이 한 가지가 있더군요. 바로 스포츠 장비였어요.

히키리오 지역에 축구와 야구 리그가 만들어졌고 수많은 아이들이 참여하고 있어요. 리그 구조는 여기 에드먼턴의 셔우드 공원에서 보는 것과 비슷한데 이 아이들은 장비가 없어요. 맨발로 운동을 하고 몇 개 팀이 축구공 하나를 나눠 쓰고 있어요. 축구와 야구를 하는 장소는 원래 동물을 방목하는 들판이라 팀끼리 경기를 할 때는 소나 돼지, 말들을 쫓아가면서 해야 했지요.

이 지역 사람들은 아주 가난해서 장비를 살 수 없어요. 그래서 한 가지 제안을 하고 싶어요. 우리 가족은 쓰던 축구, 야구 장비를 모아서 이 마을에 보내 줄 계획이에요. 그러니 집에 안쓰는 장비나 신발, 부상 방지 패드, 양말, 장갑, 야구공, 옷 등 관련 물품을 니카라과의 어린이와 청소년 들에게 기증하고 싶으면 사이클링 마마스 모임 때 가지고 오세요. 그러면 내가 한꺼번에 싸서 보낼게요.

건강히 지내고 사이클링 마마스 모임 때 만나요. — 캐런

나는 캐런의 이메일에 흥미를 느껴 어떻게 니카라과에서 자원봉사 프로젝트에 참여하게 되었는지 물었다. 캐런은 가족과 함께 니카라과로 휴가를 가 몬티의 해변 로지(Monty's Beach Lodge)에 묵었다. 웹사이트를

찾아 들어가 보니 그곳은 아주 특별한 숙소였다. 그곳에 머무는 투숙객은 인근 마을에서 다양한 종류의 봉사 활동을 할 수 있다. 2006년 이 로지의 주인인 돈 몽고메리(Don Montgomery), 일명 몬티는 니카라과를 여행하며 자연의 아름다움과 사람들에게 반해 버렸다. 그는 세계 여러 곳의 사람들이 와서 쉬면서 지역민들과 의미 있는 방식으로 연결될 수 있는 장소를 만들고 싶었다.

2010년 몬티는 니카라과 북태평양 연안의 서핑이 가능한 해변에 야자나무로 지붕을 엮은 숙박업소를 만들었다. 그의 야심찬 비전이 실현되었다. 몬티의 숙박업소에 머무는 손님들은 서핑, 카약을 즐기고 맹그로브 습지를 탐험하고, 화산 지역으로 하이킹을 하거나 지역민들을 만나 봉사 활동을 할 수 있다. 손님들이 그 지역 지도자들과 긴밀하게 작업한 덕분에 몬티는 보건소, 주민 회관, 학교 교실 등을 건설할 수 있었다. 몬티의 손님들은 지금도 학교에 보낼 물품을 모으고, 지역 스포츠팀을 지원하고, 정수 시스템을 만들고, 의사들의 진료 봉사를 주선하는 등 다양한 지역 봉사 활동을 하고 있다.

캐런의 가족은 몬티의 해변 로지에 몇 번이나 투숙했다. 그곳에서의 경험에 대해 캐런은 이렇게 말했다.

"우리 가족이 가진 것을 다른 이들과 나눌 수 있었던 것이 무엇보다 뜻깊은 선물이었어요."

캐런은 가족이 함께 다른 사람들을 위해 봉사할 때 그들 내면의 좀 더 숭고한 욕망을 만족시킬 수 있다는 것을 알았다. 개인적인 충전의 시간인 휴가 기간에조차 캐런은 다른 사람들을 돕는 활동이 자신과 가족에게 행복을 가져다준다는 것을 알았다.

나도 똑같은 것을 배웠다. 살면서 스스로에게 '마을이 나를 위해 무엇을 해 줄 수 있지?'라고 물을 때보다 '마을을 위해 내가 할 수 있는 일이 뭐지?'라고 물을 때 훨씬 더 만족감을 느꼈다.

엄마로 살면서 다른 누군가에게 줄 것이 많지 않아 보일 때가 있다. 하지만 당신이 마을을 위해 할 수 있는 일이 무엇인지 궁금하다면, 작지만 사람들과 공유할 수 있는 물건 등을 모아 그것을 나눌 수 있는 방법을 찾아봐도 좋겠다.

작가 엘리자베스 길버트(Elizabeth Gilbert)는 자신의 페이스북 페이지에 너그러움에 대한 글을 올렸다.

"너그러움은 당신의 은행 계좌에 대해 궁금해하는 게 아니라 영혼에 관한 질문이다. 당신은 너그러운 사람일 수 있고 그렇지 않을 수도 있다. 내가 만난 사람들 중 가장 너그러운 이들은 믿기 힘들 정도로 가난했다. 하지만 내가 만나 본 사람들 중 가장 부유한 사람들은 절대 너그럽지 않았다. 사실 그들은 항상 모자라다는 생각에 파묻혀 소유한 재산을 꽉 움켜쥐고 있다. …… 만약 억만장자가 되고 나서 너그럽게 베풀겠다고 말한다면, 당신은 중요한 지점을 놓치고 있는 것이다."

너그러움을 실천하는 방법은 여러 가지가 있다. 몸짓이 크건 작건, 어떤 형태이건 너그러움은 마음속의 거미줄을 깨끗이 걷어 내고 놀라운 방식으로 당신에게 생기를 불어넣어 줄 것이다. 너그러움은 공동체의 친구이므로 당신이 외롭다고 느끼지 않게 도와줄 것이다. 당신의 삶을 건드리는 무엇인가가 없으면 당신 또한 다른 사람의 삶을 감동시킬 수 없다.

3부

엄마들의
마을

아기에게 주어야 할 가장 중요한 것은 아기 침대나 고급 속싸개 세트, 값비싼 유모
차가 아니다. 아기에게 만들어 줘야 할 가장 중요한 것은 마을이다. 당신은 마을
덕분에 생존할 것이다. 마을은 당신이 피곤할 때 휴식할 수 있게 해 주고, 굶주릴
때 먹여 주고, 부스스한 모습으로 몇 시간씩 늦어도 용서해 줄 것이다. 당신은 완
벽하지 않은 인간이기 때문에, 그래서 아기를 안아 주기에 너무 피곤하거나 짜증
이 날 때에 마을 사람들이 대신 아기를 돌보고 사랑해 줄 것이다.

당신의 인생에는 그저 똥기저귀밖에 없다는 생각이 들기 시작할 때 마을 사람들
은 당신이 진정 어떤 사람이었는지 상기시켜 줄 것이다. 그들이 당신을 일으켜 세
워 줄 것이다.

- 카린 트루스톤(Karyn Thurston), 블로그 '카디건을 입은 소녀(Girl of Cardigan)'에서

마을로
들어가는
길

해군 예비군에 입대했을 때 퀘벡 주의 생 장 쉬르 리셜리외(Saint-Jean-sur-Richelieu)에서 기초 군사 훈련을 받았다. 체력 훈련의 일환으로 우리 소대는 전원이 땅에 등을 대고 원형으로 누워 윗몸일으키기와 다리 들어 올리기를 했다. 모두 지쳐 갔지만 교관은 전원이 모든 훈련을 마칠 때까지 절대 봐주지 않았다.

다리 들어 올리기를 하는데 각도를 45도로 유지하라는 명령이 떨어졌다. 소대원의 자세가 똑바로 나올 때까지 훈련은 계속되었다. 내 오른쪽에 있는 남자는 45도를 유지하기 위해 정말 힘겹게 애를 썼다. 힘들었지만 나는 다리를 그 남자 쪽으로 가져가 그 사람의 다리 밑에 넣고 받쳐 주었다. 그 모습을 들켜서 하사한테 혼나기는 했지만, 엄마로서 도움이 필요한 사람을 도와주는 모습과 비슷한 장면이라는 생각이 들었다. 그런데 나도 간신히 45도를 유지하는 판에 대체 어떻게 다른 사람을 도와줄 수 있을까?

살다 보면 남에게 줄 자원이나 시간이 많지 않은 시기가 있다. 어쩔 수 없이 그래야만 하는 때가 있는데, 이때 힘을 아껴 두라는 영감을 받기도 한다. 어떤 일 때문에 몹시 슬퍼하고 있을 때, 육체적으로 무력한 때, 신경쇠약에 걸려 있거나 막 여덟 번째 아이를 출산했다거나 실업으로 인해 생계를 유지하기 힘든 경우도 있다. 모든 사람이 늘 다른 사람을 위해 자신의 자원과 시간을 제공할 수 있는 것은 아니다. 하지만 당신의 삶에 아주 조금이나마 그런 공간과 여유가 있다면 반드시 그 기회를 잡기 바란다. 시간과 여유가 없다고 느낄 때 오히려 함께 일하고, 시너지 효과를 내는 관계를 발전시키는 것은 바쁜 삶에 마을 만들기라는 과업을 끼워 넣는 멋진 방법이다.

대부분의 엄마들은 바쁘다. 따라서 다른 엄마들과 관계를 만들거나 기존의 인간관계를 유지할 때도 시간을 효율적이며 생산적으로 관리하는 것이 현명하다. 내가 사람들과 관계를 맺고 유지하는 최선의 방법은 다른 여성들을 내 삶에 포함시키는 것이라는 것을 알게 됐다. 즉 두 사람 모두 요리를 해야 한다면 같이 요리를 하고, 운동을 해야 한다면 같이 운동을 하는 것이다. 둘 다 식료품이 필요하다면 한 사람은 아이를 돌보고 또 다른 사람은 식료품을 사러 간다. 사람들과 연결되기 위해 특별히 애를 써야 할 때 마을 만들기 작업을 생산적인 방식으로 해야 하는 이유는 다음과 같다.

- 사람들이 당신의 삶에 들어오고 나가면서 마을도 변할 것이다.
- 생산적이고 의미 있는 일을 하는 것은 존재론적 측면에서 꼭 필요하다.

역동적인 마을

오랫동안 알고 지낸 아끼는 친구가 멀리 이사를 갈 때면 그 친구와의 관계를 위해 들인 시간을 잃어버리는 것 같아 매우 애석하다. 새로 이사 오는 사람과는 함께한 사적인 역사가 아무것도 없다는 게 나는 참 싫다. 새로운 이웃을 알아 가기 위해 내어 줄 시간도 많지 않다. 하지만 새 이웃을 공원에서 만나 아이들끼리 놀게 할 시간은 낼 수 있다. 또한 그녀와 함께 자전거를 타고 이웃을 돌아볼 시간도 가능하다.

마을을 만들 때는 가능한 가장 효율적인 방법을 택해야 한다. 어느 시점이 되면 구성원들이 마을을 떠날 수 있기 때문이다. 직장이나 집을 옮기는 일도 있고, 아예 세상을 떠나 버리는 경우도 있다. 삶은 예측할 수 있는 것이 아니다.

우리가 만드는 공동체는 호수보다는 강을 닮았다. 계속 사람들이 들어오고 나가기를 반복한다. 이는 그저 오늘날을 사는 우리에게만 닥친 도전이 아니다. 삶의 속성이 그렇다. 옛날에는 전쟁과 전염병이 있었고 조기 사망도 부지기수였다. 지금은 일자리 때문에 나라의 한쪽 끝에서 다른 쪽 끝으로 이주하고, 대학을 가기 위해 다른 주로 옮기고, 다른 나라로 여행을 간다. 강물의 흐름 또한 위험스러울 정도로 빠르다. 살면서 필연적으로 경험할 수밖에 없는 것들에 대해 가족이나 공동체가 안전망을 제공해 주기보다는 처음부터 알아서 시작해야 하는 경우가 많다.

로스앤젤레스에 사는 한 친구는 가족 중 네 명이 어린 자녀들과 함께 한데 모여 사는 행운을 누렸다. 가족은 좋은 친구다. 그녀는 가족과 함께 생일을 축하하고, 각자 음식을 준비해 함께 나눠 먹고, 정원 일도 번갈아 가며 했다. 그런데 지난여름 네 가족 중 세 집이 멀리 이사를 가게 됐다. 마을을 다시 지어야 하는 상황에 부딪친 것이다. 그녀는 여전히 마을을 만들고 있다.

우리가 사는 사회의 속성이 워낙 일시적이다 보니 마을 만들기에 공을 많이 들여도 결국에는 허물어지는 사태가 종종 벌어진다. 하지만 연결된 사람들과 매일 일과를 함께하면 지원망을 제공하는 마을 만들기가 쉬워진다. 또한 살면서 여러 가지 일이 발생하는 가운데 우정을 강화시키며 마을을 만드는 과정도 촉진시킬 수 있다.

휘파람 불며 일하기

의미 있는 일은 행복한 삶의 필수 조건이다. 우리가 자아와 가치에 대해 느끼는 감각은 목적의식과 매우 긴밀하게 엮여 있다. 마을을 만들고 의미 있는 작업을 같이할 때 자아 인식은 물론 자매들과의 연결을 좀 더 깊이 있고 친밀하게 할 수 있다.

오늘날 엄마들 사이에서는 SNS를 끊으려 노력한다는 이야기가 크게 늘고 있다. SNS를 하느라 자녀에게 집중하지 않는다는 생각에 엄마들은 이 주제에 대해 이야기할 때면 대개 죄책감을 느낀다고 말한다. 하지만 나는 엄마들이 SNS에 열중하는 이유는 단순히 재미를 추구하기 위한 것이 아니라고 믿는다. 엄마들은 연결되기를 간절히 바라는 것이다. 적합한 곳에서 어떤 특정 작업 또는 사회적 그룹에 없어서는 안 될 중요한 존재가 되기를 열망하는 것이다. 아이들과 연결되는 것이 그 어떤 것보다 중요하지만 어딘가에 소속되고, 가치 있는 일을 하고 싶어 하는 욕구를 충족시키는 것 역시 매우 의미 있는 일이라고 생각하는 것이다.

인류사에서 위대한 모성 이야기를 살펴보면 엄마가 자녀들을 하루 종일 쫓아다니며 보살피기보다는 자녀들이 엄마를 따라다닌 경우가 많다. 엄마가 들이나 밭에서 일을 하고 있으면 아이들이 엄마를 찾아왔다. 아이들은 엄마가 옷을 만들거나 진흙으로 그릇을 빚는 동안 엄마 발치에 앉아 있곤 했다.

전업주부로 집에서 아이를 키우다 보면 엄마로서 특히 힘들어하는 상황이 실제로 벌어진다. 내가 힘들어하는 일은 집 안에 있는 물건들을 관리하고 깨끗하게 유지하는 것이다. 아이들을 혼내게 되는 이유는 대부분 아이들이 물건을 부주의하게 다루어 망가뜨리거나 잃어버리기 때문이다.

"침대에서 뛰면 안 돼."

"거실에서는 뛰어다니지 마."

"난간에 기어 올라가면 안 돼."

"액자에 손대지 마."

이런 말을 아이들에게 하게 된다. 원래 뛰고, 구르고, 기어 올라가고, 만지는 게 아이들 일이라는 걸 알면서도 말이다. 하지만 그게 바로 아이들이 세상을 알아가는 방법이다. 그럼으로써 아이들은 더 튼튼하고 똑똑해진다.

　내가 선호하는 방법 중 하나가 아이들을 밖으로 데리고 나가는 일이다. 이럴 경우 실패할 확률이 적다. 우리 아이들은 집 근처 웅덩이에 돌 던지기만 해도 그 놀이에 흠뻑 빠져 논다. 이것은 아주 재미있고, 배우고 성장할 수 있는 활동이면서 치울 필요도 없는 일이다. 강을 따라 난 길을 산책하다가 기다란 나뭇가지를 발견해 줍거나 나무에 기어 올라갈 때도 청소는 필요 없다. 음식을 간단하게 싸 가지고 나가 공원에서 점심을 해결하면 바닥을 쓸거나 닦을 일도 없다.

　집을 깨끗하게 유지하는 데 의미를 두는 사람도 있다. 아마 그 일을 잘하고 그것이 그 사람에게는 타고난 재능을 연마하는 방식이기 때문일 것이다. 그것도 멋진 일이다. 하지만 나 같은 사람한테는 청소하는 데 그렇게 긴 시간을 쓴다는 것은 악몽과도 같은 일이다. 그렇게 사는 것은 진정 나 자신과 아이들에게 집중하거나 재능이나 능력을 연마하는 일이 아니다. 내게는 그저 공허하게 느껴진다. 그런 활동에서는 만족스러운 감정을 느낄 수 없다. 솔직히 나는 어떤 물건을 그렇게까지 아끼거나 신경 쓰는 법이 별로 없다.

　내가 중요하게 여기는 것은 아이들을 사랑하고 가르치는 일, 다른 엄마들과 연결되는 일, 독서 그리고 글쓰기다. 이런 활동을 향한 열정이 오늘날의 내 삶을 만들었다. 전업주부이자 엄마로서의 경험을 바탕으로 해 다른 엄마들과 연결되는 경험에 대한 책을 쓰고 있다. 글을 써야 할 때 나는 종종 아이들과 함께 책과 종이, 펜을 가지고 야외 공간으로 나간다. 아이들 뒤를 쫓아다니며 청소를 하기보다 놀고 여기저기 탐험하는 애들 일을 하게 두고 나는 독서와 글쓰기 같은 나의 일을 한다. 내게 잘 맞는 방법이라고 느낀다.

물론 아침에 일어나 읽고 쓰기를 하는 것이 생산적이지 않다고 생각하는 여자들도 있을 것이다. 그런 활동은 그들이 중요하다고 여기는 것을 조사하거나 알아보는 것이 아니므로 공허하게 느껴질 수 있다. 내가 말하려는 의미 있는 작업의 속성은 이러하다. 사람에게는 각자 개성이 있기 때문에 의미 있는 작업이란 개인마다 다르다. 우리 엄마들은 자신에게 의미 있는 작업을 발견해 엄마로서의 삶에 적용시킬 기회와 기쁨을 누릴 수 있다. 그리고 다른 엄마들과 맺는 관계에 생산성을 가미한다면 우리의 힘은 더욱 강해질 것이다.

나는 글쓰기를 즐기지만 공동체의 일부가 될 필요성도 절감한다. 엄마로 살며 다른 엄마와 조력하는 관계를 발전시키고 그녀의 삶에서 내 존재가 의미 있다고 느끼는 순간에 가치를 느낀다. 그때 내가 하는 일이 다른 엄마의 집을 청소해 주는 것이라 해도 그 일은 내 아이들이 다른 아이들과 연결될 기회를 제공하기도 하고, 다른 사람의 필요를 알고 채워 주려는 노력이기 때문에 의미가 있다고 생각한다.

아이들 양육과 의미 있는 작업을 하며 공동체의 일부임을 느낄 수 있는 기본적인 욕구 사이에서 하나를 선택해야 하는 상황에 놓인 엄마들을 볼 때가 있다. 하루 종일 집에 혼자 있다고 해도 누군가에게 전화를 하면 외롭고 고립된 감정을 피할 수 있다고 말하기도 한다. 하지만 그런 생각은 수많은 엄마들이 경험하는 단절된 감정을 제대로 알고 이야기하는 것이 아니다. 많은 엄마들에게 외로움은 나태하고 의미 없는 잡담이 아니라, 생산적이지 못하고 어떤 그룹이나 팀 또는 연결망의 한 부분이라고 느끼지 못하는 감정의 문제다.

나는 SNS의 매력을 인정한다. 하지만 온라인에서의 연결은 부분적 만족감은 주지만 얼굴을 대면하는 실제 만남과 비교했을 때 궁극적으로는 공허한 연결이라고 생각한다. 지저분하고 엉망인 점이 있기는 해도 실제 삶을 교환하는 것이 사랑, 인내, 용서, 관용, 친절, 희생이라는 인간적인 경험을 제공한다. 페이스북 업데이트를 통해 '좋아요'를 아무리 많이 받는다고 해도 동료와 함께 일해서 얻는 행복감에 비할 수는 없을 것이다. 공유의 경험은 사람들과 유대를 맺는 방법 중 가장 정직하고 깊이 있는 방법이다. 내 친구인 케이트는 이렇게 말했다.

> 엄마가 된다는 것은 내게 아름다움을 부여하는 행위가 됐어. 엄마가 되지 않았다면 결코 갖지 못할 아름다움이지. 엄마가 됨으로써 다른 엄마들과 무거운 짐을 함께 나누는 즐거움을 알게 됐어. 엄마가 되기 전까지 나는 이 원리의 중요성을 완전하게 이해하지 못했어.

앞서 말했듯 엄마와 아기가 함께하는 모임, 아기를 위한 체육 활동이나 음악 클럽의 가치는 풍부하다. 이런 곳은 엄마들이 만나서 연결되기에 적당하다. 얻을 것이 많기는 하지만 이런 곳은 머무르기보다는 시작하기에 적당한 장소라고 본다. 엄마들에게 만족스러운 일을 해 볼 기회를 제공하는 것은 아니기 때문이다. 공동의 목적을 향해 함께 일하는 환경이 제공하는 동료 의식을 주지는 못한다. 아장거리는 아이를 데리고 힘들게 모임에 나와 잡담이나 하면서 오전 시간을 보내는 엄마들이 많다. 가끔은 이것도 좋지만 의미 있는 일을 하며 얻는 만족감을 대신하기에는 많이 모자라다. 목적의식이 확실한 일을 추구하는 여성들의 모임이나 연결망이 효과를 거두기 위해 반드시 규모가 커야 할 필요는 없다. 정서적, 사회적으로 충족감을 느끼기 위해 정말 친한 친구 한두 명만 있으면 되는 사람도 있다.

중요한 것은 연결망의 크기가 아니라 다른 여성들의 필요를 충족시켜 줄 의지가 얼마나 있느냐이다.

시간과 자원은 한정되어 있는데 우리 마을은 계속해서 역동적으로 변화한다. 하지만 우리가 마을 만들기와 매일 하는 일을 함께 해내는 기술을 습관으로 만들 수만 있다면 새로운 여성들을 우리 삶으로 받아들여 만족스러운 활동을 함께할 수 있을 것이다.

이상적인 환경이 못 된다 해도 함께 작업하면 완전히 다른 방식으로 연결될 수 있다. 함께 프로젝트나 일 또는 어려움을 같이하면 연결의 끈이 더욱 깊어지고 기억에도 남는다. 이렇게 우리는 재능을 발전시키고 우리의 능력과 자아의식을 강화하면서 동시에 마을도 만들 수 있다. 적절한 때가 됐을 때 생산적이고 효율적인 방식으로 다른 사람들을 당신의 삶에 포함시키라고 강력하게 권고한다.

즐거운
마을살이를 위한
몇 가지 팁

『행복은 전염된다(Connected)』의 저자 니콜라스 크리스태키스(Nicholas A. Christakis)와 제임스 파울러(James H. Fowler)는 독자들에게 다음과 같은 상황을 상상해 보라고 요청한다.

집에 불이 났는데 가까운 거리에 호수가 있다. 당신이 가지고 있는 것은 양동이뿐이다. 양동이로 호수의 물을 길어 옮기기를 반복한다. 양동이에 길어 온 물을 집에 끼얹으며 애를 써 보지만 그렇게 해서는 절대 불을 끌 수 없다. 그렇다면 이번에는 혼자가 아니라 백 명의 사람이 있다. 이 사람들이 함께 호수와 집을 오가며 물을 길어 온다면 좀 더 효과적으로 불을 끌 수 있을 것이다. 거기에서 끝이 아니다. 저자는 좀 더 조직적인 시나리오를 하나 더 제안한다. 백 명의 사람이 양동이를 들고 불이 난 집에서 호수까지 주욱 늘어서서 차례대로 물을 길어 옆 사람에게 넘겨준다. 빈 양동이가 오면 물을 길어서 옆으로 돌리는 방식으로 불을 끈다. 체계적인 방법으로 함께 작업할 때 더욱 커지는 힘과 효율성을 보여 주는 예이다.

수많은 엄마들이 혼자서 미친 듯이 양동이를 들고 호수에서 집을 오가며 최선을 다해 불을 끄려 노력하지만 결국에는 외로움을 느끼고 힘들어하고 분노하는 모습과 비슷하지 않은가.

친구 한 명이 아이들을 데리고 바쁘게 정신없는 삶을 살 때 다른 사람들과 연결되는 일을 의사 진료만큼 진지하게 받아들여야 한다고 말한 적이 있다. 달력에 표시를 해 두고 우선순위를 정하는 것부터 시작하는 게 좋다고 말이다. 참 현명한 조언이라고 생각한다.

이 책을 쓰기 시작했을 때 세 명의 엄마들과 함께 시험 삼아 육아와 집안일을 함께하는 주를 정해 실행해 보려 한 적이 있다. 나는 먼저 정해 놓은 한 주가 어떤 모습으로 엮일지 개요를 적어 봤다. 하루에 한 집씩 정해서 모든 엄마들이 함께 그 집의 일을 하는 것이 계획이었다. 운동, 심부름, 아이들과 함께하는 활동, 집안일 그리고 저녁 식사 준비를 모두 함께하는 것이다.

제안을 받은 엄마들은 처음에는 모두 관심과 흥미를 드러냈다. 하지만 모두가 참여할 수 있는 한 주를 찾는 게 너무도 힘들었다. 날짜를 맞추기가 매우 까다로웠다. 서로 몇 번의 이메일을 교환한 뒤에야 완벽하지는 않지만 그래도 가능한 주를 정하게 됐다.

실험을 시작하기 몇 주 전 한 엄마로부터 이메일을 받았다. "취소를 하게 돼서 너무 미안하지만 그 주에 참여하지 못할 것 같아요. 갑자기 수도 배관이랑 집수리를 하게 됐는데 아무래도 그 주에 작업을 해야 할 것 같아서요."

또 다른 엄마가 우리가 약속한 주에 아들에게 중요한 일이 잡혀 있었는데 그걸 깜박 잊어버렸다며 다른 주로 하는 게 좋겠다는 이야기를 전했다.

그게 끝이 아니었다. "마감일이 며칠 남지 않아서 아무래도 힘들 것 같아요. 나는 빠질게요." 세 번째 엄마의 이메일이었다.

아이디어는 좋았다. 하지만 지금 생각해 보면 어떤 엄마라도 실행하기 어려운 계획이었을 것이다. 우리의 삶은 아주 다양하고 변화가 심하다. 많은 엄마들이 전일제 또는 시간제로 일한다. 우리의 계획을 부분적으로는 좋아할 수 있지만 전체 경험에 대해서 환영하지 않을 수 있다. 예를 들어 아주 내성적인 사람에게는 이렇게 "함께하는 시간"이 견디기 힘든 경험이 될 수 있다. 그리고 아이들끼리도 연결되게 시간을 짤 수 있다고 생각한 것도 지금 생각해 보면 조금 이상하다. 예기치 않은 순간에 계획하지 않은 방식으로 아이들이 자연스럽게 연결될 수 있다고 생각했던 것이다.

이미 말했지만 아이디어는 참 좋았다.

결론적으로 실천에 옮기지는 못했지만 그래도 노력만큼은 절대 헛되지 않았다. 이 아이디어를 고안했을 때부터 나는 올바른 방향으로 가고 있었다. 다른 엄마들을 내 삶에 엮어 넣고 싶었다. 어떻게 실현하느냐만 확실하게 모를 뿐이었다. 하지만 그때 세운 계획을 성사시키려 노력한 덕에 식사, 약속, 운동 기회, 휴식처럼 엄마로서 필요한 도움 목록을 적어 볼 수 있었다. 그리고 다른 엄마들을 삶에 포함시키는 최고의 방법은 내 삶의 흐름에 맞춰 이치와 상황에 맞는 곳에 끼어 넣어야 하는 것임을 배웠다.

사귀고 싶은 사람을 찾는 일과 주 단위 활동을 하기로 계획을 세우는 일이 마을 만들기에 주요 요소가 되었다. 아끼고 좋아하는 사람들과 연락하지 않은 채 몇 주를 날려 버리기는 매우 쉽다. 하지만 당신과 그 친구가 필요로 하는 욕구를 채워 주는 정기적인 활동을 만들어 스케줄에 넣으면 시간이 덧없이 날아가 버리는 일은 덜 일어날 것이다.

주간이나 월간 단위의 모임을 만들어 실천하는 일과 더불어 다른 가족과 카풀을 하거나 공원에서 축구하기 등의 활동에 초대하는 것도 효과가 좋다.

지난해 마을 만들기의 중요성을 깨달은 나는 좀비가 도래한 세상에서 종말을 맞이한 듯 여러 가지 모임을 만들어 두는 데 열중했다. 독서 클럽, 데이트의 밤 파티, 음악의 밤, 요리의 날, 어린이 용품 바자회 등을 열었다. 내가 매우 아끼는 사이클링 마마스 모임에도 가입해 활동을 시작했다. 너무 많은 일을 벌인 것 같았다. 작년은 나뿐 아니라 우리 가족 모두가 바쁜 한 해를 보냈다. 우리 가족이 만족스럽지도 않은 분주함에 휩쓸리지 않기를 바랐다. 그래서 먼저 가족 각자에게 필요한 것을 파악한 뒤 내가 찬성한 계획과 반대한 계획에 대해 알고 선택할 수 있게 했다.

지금부터는 생산성을 높이면서 마을을 만들 수 있는 사례를 소개할 것이다. 당신의 가족에게 가장 잘 맞는 아이디어를 생각해 내는 데 도움이 되기를 바란다.

커플 독서 클럽

요리와 뒷정리가 너무 많아 복잡한 저녁 식사 파티는 잊어버리는 것이 좋겠다. 그런 모임은 이미 너무도 많이 했다. 내 집에서는 사람들이 음식을 먹는 게 아니라 거실에 모여 앉아 시나 단편 소설 혹은 에세이를 읽고 열띤 토론을 하길 바랐다. 하지만 커플 독서 클럽은 오랫동안 알고 지내던 친구들의 바비큐 파티에 갔을 때 기본 뼈대를 잡게 되었다. 이 친구들은 같은 도시에 살지만 이웃이라 할 만큼 가까이 살지는 않는다. 우리 그룹의 네 커플이 돌아가면서 독서 클럽을 주재하기로 해서 매번 우리 집을 치워야 하는 번거로움도 피할 수 있었다. 지금도 한 달에 한 번은 만나려 노력하고 있다. 자주 만나지는 못하지만 이 친구들을 우리 삶의 리듬 속에 포함시키는 멋진 방법이다. 커플 독서 클럽이므로 남편과 나를 위한 밤이기도 하다. 아이들도 데리고 오는데, 어른들이 이야기를 나누는 동안 아이들은 다른 곳에서 영화를 본다.

저렴한 비용으로 사람들과 연결될 수 있는 방법이다. 남편과 데이트를 하면서 친구들을 만나 문학에 대한 멋진 토론을 하는 저녁을 만들 수 있는 것이다.

음악의 밤

나는 피아노를 친다. 그리고 노래하는 것을 좋아한다. 남편은 기타

와 더블베이스를 연주할 수 있다. 음악은 우리 부부의 공통 관심사다. 둘 다 음악을 좋아하고 연주하는 데 열정적이다. 이는 결혼 생활에 장점으로 작용한다. 아이들도 피아노 강습을 받고 있는데, 사람들과 악기를 연주하면서 즐거움을 경험하고 힘들게 연습에 공을 들인 보람을 느낄 수 있기를 바란다.

나는 악기를 연주하는 사람이면 누구나 우리 집 음악의 밤에 초대했다. 그리고 작은 집에서 노래를 부르고, 몇 가지 악보를 서로 다른 악기로 연주해 보곤 했다.

어느 해 크리스마스에는 우리 집 거실에서 사람들과 악기를 연주하고 노래를 불렀다. 바이올린, 첼로, 기타 세 개, 트럼펫 그리고 피아노가 있었다. 지역 무대에서 활동하는 연기자의 노래도 들었다. 모두가 음악을 사랑한다는 공통점 하나면 충분했다. 눈이 내리던 그 밤, 우리 집 거실은 따뜻하고 아름다운 멜로디가 흐르는 행복한 장소로 바뀌었다. 〈오 거룩한 밤(O Holy Night)〉, 〈뉴욕의 동화(Fairytale of New York)〉가 흐르고 헨델의 〈메시아〉에 나오는 곡을 시도해 본 날은 잊을 수 없을 만큼 강렬했다. 음악의 밤은 아름다웠고 가족 모두가 만족해하는 행복한 시간이었다.

데이트의 밤 파티

데이트의 밤 파티는 언니한테서 얻은 아이디어다. 언니는 데이트의 밤 파티를 한 달에 한 번씩 열고 있다. 데이트의 밤 파티는 이렇게 흘러간다. 내가 이웃집 아이를 봐주면 그 집 부부는 저녁에 나가서 데이트를 한다. 아이들을 먹이는 일이 내게는 약간 버겁다. 요리를 힘들어하는 나는 일을 간단하게 하기 위해 칩과 핫도그를 준비했다. 이 행사는 날씨가 따뜻할 때 하는 게 유리하다. 아이들을 뒷마당에서 놀게 하면 되니까.

데이트의 밤 파티는 이웃에게는 물론 우리 가족도 좋아한다. 특히 아이들이 매우 좋아한다. 또래 아이들과 교류를 통해 중요한 사회적 욕구를 채울 수 있으니까 말이다.

계획은 간단하다. 먼저 자녀가 어리고 도우미를 고용하지 않으면서 부부가 밤 외출을 하는 것이 가능할 만한 집을 찾는다. 그들이 아이를 데리고 오면 뒷마당으로 보낸다. 뒷마당에 미리 트램펄린, 칠판, 레고 만들기 테이블, 축구공과 망 등 아이들이 즐겨 놀 수 있는 공간을 마련해 둔다. 남편은 축구에 관심이 많아서 아이들이 축구공을 가지고 노는 모습을 즐긴다. 때론 감독을 자처하기도 한다.

네이트의 밤 파티는 챙겨야 할 일이 조금 많기 때문에 아이들을 봐주는 어른들 입장에서 내내 즐거울 수는 없다. 하지만 남을 위해 봉사를 하고 싶은데 한꺼번에 여러 아이들을 데리고 뭔가를 하는 게 어려울 때 시도해 볼 만한 방법이다. 친구들에게는 휴식을 주고, 동시에 마을 만들기도 하는 일석이조의 효과를 볼 수 있다.

요리하기 그리고 연결되기

친구들과 모여 한 달 치 음식을 요리해 두는 여성들이 있다. 멋진 아이디어지만 부담스러울 수 있다. 친구 중 한 명이 페이스북에 이런 방법으로 요리를 하고 싶다고 글을 올려서 나도 얼른 동참했다. 나처럼 생각한 사람이 몇 명 더 있었다. 우리는 먼저 날짜를 잡고, 요리할 메뉴를 정하고, 누가 필요한 식자재를 사 올 것이며, 누가 어떤 음식에 알레르기가 있는지 등을 상의했다. 생각보다 할 일이 정말 많았고, 결국에는 성공하지 못했다. 왜? 이유야 수백 가지도 댈 수 있을 것이다. 무엇보다 바쁜 엄마들이 그렇게 큰 계획에 스케줄을 맞추고 일을 성사시키기란 여간 어려운 일이 아니다.

처음에 그렸던 것과는 약간 다른 모습으로 나는 친구와 요리하며 연결되는 시간을 가진 적이 있다. 하루는 뒷골목에 사는 친구의 집에 갔다. 아이들끼리 노는 동안 친구가 함께 스프를 만들지 않겠냐고 물었다. 그녀는 일을 할 때 치밀하게 계획을 세우기보다 그때그때 사정에 맞춰 하는 성향이라 우리 둘은 죽이 잘 맞았다. 나는 집으로 뛰어가서 스프 만들 재료를 손에 잡히는 대로 가져갔고 그녀도 냉장고를 뒤져 재료를 준비했다. 그래서 우리는 여러 가지 채소가 들어간 스프를 만들었다. 멋졌다. 아이들은 아이들대로 재미있게 놀고, 어른들은 친교를 나누며 그날 가족이 먹을 음식까지 준비하는 일석삼조의 효과를 본 것이다.

이런 식으로 몇 번 음식 준비를 함께했는데 거의 즉흥적으로 이루어졌다.

워킹맘을 위하여

저녁이나 주말에만 시간이 나는 일하는 엄마에게 마을 만들기는 매우 힘든 일이 될 수 있다. 친구 버지니아는 전일제로 직장에 다니는데 퇴근 뒤 너무 피곤해서 친교에 쓸 에너지를 내기가 힘들다고 토로했다.

이누이트들이 쓰는 말에 눈을 의미하는 단어가 하나가 아니듯 엄마들도 피곤하다는 말을 할 때 쓰는 표현이 여러 가지가 있다. 그중 몇 가지를 살펴보자.

1. 어젯밤 두 번 깼다.
2. 밤새 잠을 설쳤다.
3. 한 달 동안 운동을 하지 못했다.
4. 걸음마 하는 아들이 짜증을 부렸다.
5. 하루 종일 쌍둥이들이 징징대는 소리를 들었다.
6. 직장에서 하루 종일 바쁘게 지내고 집에 와서는 아이들을 돌보고 집안일을 마친 다음 9시가 다 돼서 장을 보러 갔다 왔다.
7. 10대인 아이가 사사건건 나와 싸움을 하려 든다.
8. 돈 걱정 때문에 너무 스트레스를 받고 있다.

피곤한 엄마들이 매우 많다. 버지니아는 매우 피곤하고 시간은 한정되어 있다는 것을 알았기에 사람들과 생산적으로 연결되는 것이 필수적이라는 것 또한 깨달았다.

그녀는 아이들을 통해 마을의 좋은 친구들을 찾을 수 있었다고 말했다. 무엇보다 아이들을 지역 공동체 학교에 보낸 것이 도움이 됐다. 다른 학부모의 이름과 연락처를 필요로 하는 부모에게 정보를 제공하는 학교들이 있다. 그런 정보를 얻는다면 잘 보관해 둘 필요가 있다. 아이가 다니는 학교에서 그런 정보를 제공하지 않는다면 직접 만드는 것도 방법이다. 그러면 공원에 가서 아이들끼리 축구를 하고 싶은 때 이 목록을 이용해 다른 아이들과 부모를 초대할 수 있다. 퇴근 뒤에 간단하게 패스트푸드를 준비해 다른 부모들을 놀이터로 초대해 조촐한 소풍 기분을 내는 것도 방법이다. 아이들이 먹고 노는 동안 부모들은 교류할 수 있으니 좋다. 요리를 할 필요가 없고 설거지를 하고 탁자를 치우고 바닥을 쓸지 않아도 된다.

또 다른 친구는 지역 공동체 단체나 연맹이 개최하는 행사에 가는 것도 도움이 된다고 말했다. 내가 사는 에드먼턴에는 공동체 연맹 건물이 지역별로 있다. 지역 연맹과 단체는 이 건물에서 공예 수업, 할로윈 파티, 요가 수업, 정원 가꾸기 모임, 게임의 밤 등의 행사를 개최한다. 그 지역민들의 관심도에 따라 행사의 내용은 바뀐다. 이런 모임에 참여하면 사람들과 연결될 수 있다. 관심이 없는 분야라도 사람들을 만날 수 있는 자리이니 참여하는 것만으로도 나름 효과를 볼 수 있다. 공동체에서 정원을 운영하는 곳도 있는데 여기에 참여하면 주말에 가족 단위로 만나서 함께 정원을 가꿀 수 있다.

우리 동네 공동체 연맹에는 아이스링크가 있다. 이곳은 겨울에 개장할 때 관리 감독을 할 자원봉사 인력을 모집한다. 남편도 일주일에 한 번 봉사 활동 등록을 했다. 지역 공동체 봉사도 하고 우리 가족이 함께 야외 활동을 할 수 있는 좋은 기회라고 생각했기 때문이다. 좋은 선택이었다. 거기에서 다른 봉사자들을 만났다. 또한 우리가 순번일 때 학교에서 만난 친구들을 스케이트장으로 초대할 수 있으니 좋았다.

아이스링크에서 아주 가까운 곳에 자원봉사자들이 쉬는 작은 휴게실이 있다. 몸을 녹이고, 따뜻한 코코아를 마실 수도 있고, TV와 안락한

소파까지 있어서 매우 좋다. 아이들은 휴게실에서 노는 것을 좋아했다. 세 아이 모두에게 옷을 입혀 외출을 하는 게 가끔 정신없고 번거롭기는 하지만 일단 아이스링크에 가면 평화롭고 행복해졌다. 특별히 좋았던 저녁 스케이트 타기를 마치고 친구의 페이스북에 나는 다음과 같은 글을 올렸다.

"오늘 저녁 스케이트를 벗고 신발로 갈아 신을 때 야외 아이스링크를 가로질러 달아 놓은 크리스마스 전등에 불이 들어오는 것을 보고 마음을 빼앗기고 말았어. 마법 같은 순간이었지. 집으로 걸어가다 뒤돌아 다시 그 모습을 봤는데 그때 스피커에서 이런 말이 나왔어. '일 년 중 가장 아름다운 때입니다.'"

아이스링크에서의 자원봉사는 아주 현명한 투자였다.

지역 방과 후 활동도 부모들과 연결되기 매우 좋은 활동이다. 바쁜 엄마들 입장에서 시간 절약하는 데 효과적인 카풀을 조직하기에도 안성맞춤이다. 방과 후 활동에서 하는 게임이나 시합에 참여하면 마을 만들기가 가능하다. 간호사이자 활달한 네 아이의 엄마인 내 사촌이 아이들이 방과 후 활동으로 농구 게임에 참여하면서 엄청 즐거워한다고 했다. 내 사촌과 비행기 조종사인 그녀의 남편이 불규칙적인 근무 스케줄에 맞춰 네 아이를 키우며 꾸려 가는 생활은 꽤 복잡해 보였다. 나는 그녀에게 어떻게 시간을 내 마을을 만드는지 물었다. 답은 간단했다. 농구 게임에 참여하는 아이들의 부모가 파트너였다. 그들은 함께 응원하며 게임을 즐긴다고 했다. 스포츠를 통해 아이들끼리 유대감을 강화하고 부모들끼리 교류하며 마을을 만드는 것이다. 내 사촌 부부처럼 스케줄이 복잡한 사람들도 동료의 지원을 받을 수 있는 방법은 있는 것이다.

친구인 버지니아는 다음과 같은 제안도 했다.

> 시간이 빠듯할 때는 그때그때 취할 수 있는 방법을 이용해야 해. 내가 친하게 지내는 한 엄마와 계속해서 돈독한 관계를 유지하는 방법은 문자 교환이야. 자주 볼 수 없다 보니 우리는 가끔씩 아주 길게 문자로 대화를 나눠. 얼굴을 맞대고 하는 대화만큼 좋지는 않지만 그나마 그것이라도 할 수 있는 게 다행이라고 생각해.
>
> 우리는 진정한 유대감을 발전시키고 있다는 생각이 들어. 그녀와 주고받는 문자 메시지에서 나는 큰 위안을 얻고 있어. 우리 중 한 사람에게 문제가 발생하면 우리는 함께 그 문제를 해결해. 그런데 바로 만나서 해결할 수 있는 상황이 못 되니 이를테면 만나면 한 시간 정도 걸려 할 일을 이틀에 걸쳐 서로 문자 메시지를 보내는 방법으로 해결해 나가지.

시간이 많든 적든 다른 사람을 내 삶에 포함시키는 초기 작업에는 노력과 창의성이 들어가야 한다. 그렇게 해서 우정을 공고히 하면 그 굳건한 우정이 당신과 가족의 든든한 안전망이 될 것이다. 그렇게 되면 관계에 대한 투자와 노력이 더 이상 일이라고 느껴지지는 않을 것이다.

사소한 변화가
만들어 내는
기적들

학교에서 돌아온 아이들이 그날 학교를 방문한 배우 이야기를 했다. 지역 무대에서 연기를 하는 그녀는 극작가이기도 했다. 그녀는 아이들에게 자신의 일을 소개했다. 아이들은 그녀가 극본을 쓰고, 연출은 물론 연기까지 모두 혼자 한다고 말했다. 놀랍게도 그 배우는 자신이 연출하는 연극의 모든 인물을 연기했다. 나는 그런 연극은 본 적이 없다. 기발하고 놀라운 연극일 것이다. 그런데 아이들의 이야기를 들으며, 왜 그여배우는 다른 배우들에게 도움을 청하지 않을까가 궁금해졌다. 무료로기꺼이 연기를 할 배우들이 많지 않아서일까?

모든 배역을 한 사람이 모두 연기한다는 것은 터무니없는 생각처럼들리지 않는가? 하지만 똑같이 그렇게 엄청난 일을 하려 드는 엄마들이 많다. 서로를 위해 무대에 서는 수많은 엄마들과 관객으로 자리해 준 알로마더들의 이야기를 들으면서 출연진과 청중 모두에게 자신의 모습을 되돌아보게 했다. 단 한 명의 여배우가 무대에서 모든 배역을 혼자 다 소화해 내려는 것처럼 살지 않는다면, 엄마로서의 삶에서 받는 스트레스를 대폭 줄일 수 있을 것이다.

다음은 다섯 아이의 엄마가 보낸 사연이다. 다섯 아이 중 둘은 심리적 장애를 앓고 있다는 진단을 받은 그녀는 자신의 삶에 다른 여성들을 포함시킬 필요가 있음을 받아들였다.

> 죄책감. 부모로서 우리는 모두 죄책감을 느낍니다. 남과 비교를 할 때, 마을을 만드는 데 집중하기보다 그들과 경쟁하려 들 때 나는 종종 죄책감을 느낍니다.
>
> 지난 11월 이것을 뼈저리게 느낀 사건이 있었어요. 딸아이가 점심을 먹으러 집에 와서는 학교에 돌아가지 않겠다고 말하더군요. 기분 장애가 있는 아이라서 그런 반응이 딱히 이상하지는 않았어요. 딸은 학교를 싫어했거든요. 그런데 그날은 다른 때와 달리 조금 이상하다 싶었죠. 마침 아이의 생일이었거든요.
>
> 생일날 학교에 가고 싶지 않다고 선언을 한 거예요. 아무튼 나는 아이의 행동에 그저 여느 때처럼 반응했어요.
>
> "그렇겠지. 너는 학교를 싫어하니까. 하지만 우리 집에서는 모두 학교를 가잖니? 그러니 너도 가야 해. 주말에는 쉴 수 있지만 오늘은 가야 해."

곧 아이는 내게 소리를 지르며 쾅 소리가 날 정도로 문을 세게 닫았어요. 그날은 정비소에 차를 맡기고 와서 차가 없었어요. 그래서 나는 창고에서 유모차를 꺼내 와서 동생들을 태울 동안 학교에 갈 마음의 준비를 하고 있으라고 아이에게 말했죠. 캐나다의 11월은 많이 추워요. 그런 날씨에 차도 없이 학교까지 걸어서 아이를 데려다준다는 건 보통 일이 아니에요. 하지만 나는 그날 단단히 결심을 했던 거예요. 반쯤 언 채로 나갈 준비를 마치고 집으로 들어와 보니 딸아이는 욕실에 들어가 문을 잠그고 있었어요.

나는 숨을 한 번 깊이 들이마셨어요. 제멋대로 하게 둬서는 안 된다고 생각했죠. 아이는 욕실 안에서 아무 데도 가지 않겠다고 소리쳤어요. 이쯤 되자 나는 열이 올라 씩씩거렸어요. 어린 아들을 유모차에서 내리게 한 뒤 애들 아빠에게 전화를 해서 울분을 터뜨렸어요. 이제 남은 것은 오직 하나, 딸이 욕실에서 나오기를 기다리는 일이었어요. 그래서 작은아이들과 놀기 시작했어요. 노는 소리를 듣고 딸이 욕실에서 나오기를 바랐죠. 한 시간 반쯤 지나자 아이가 욕실에서 나왔어요. 그때는 오후 수업 한 시간 정도가 남은 시점이라 나는 아이에게 학교에 가서 시간을 보내든지, 학교가 끝날 시간까지 욕실에 있든지 둘 중 하나를 고르라고 했어요. 그러자 아이는 욕실에 있는 것을 선택하고는 나는 정말 끔찍한 엄마고 그날이 생애 최악의 날이라고 소리를 질렀어요.

죄책감이 몰려왔죠. 나는 끔찍한 엄마였어요. 아이의 생일이었는데 오후 시간을 욕실에서 보내라고 강요한 셈이었어요. 우리 딸에게 어떻게 엄마 노릇을 해야 할지 정말 모르겠더군요. 아이의 특별한 날을 축하해 주고 싶었어요. 하지만 아이가 하고 싶은 대로 내버려 두면 비슷한 일이 또 반복된다는 것을 알고 있기 때문에 이번만큼은 규칙을 꼭 지켜야겠다고 생각했어요.

3시가 되기 직전에 손님이 찾아왔어요. 딸의 교회 선생님이었어요. 아이에게 생일 선물을 주기 위해 잠깐 들렀다고 했어요. 선생님을 안으로 들어오라 하고는 딸이 학교에 안 가고 집에 있다고 말했어요. 아이와 선생님은 짧지만 즐거운 만남을 가졌어요.

아이는 선물을 받아 한껏 신이 났죠. 아이는 온 세상을 다 가진 듯 기분이 좋아졌어요. 나중에 선생님에게 전화로 고맙다고 인사를 했어요. 내가 못하는 일을 대신해 줬으니까요. 나는 요지부동일 수밖에 없었고 나쁜 선택으로 인한 결과를 받아들여야 했어요. 그런데 그게 끝에 가서는 아이에게 이롭게 작용했어요. 그 순간은 아이의 자존감을 세워 주고 의미 있는 날에 아이 자신이 소중한 존재라고 느끼게 해 줄 누군가가 필요했어요. 또 다른 엄마의 존재가 있어야 했던 거예요. 다행히 우리 마을에 그런 사람이 있었고 그 역할을 해준 거죠.

이 이야기가 보여 주듯 다른 누군가가 개입해 아이의 삶의 한 부분이 되어야 할 필요가 있을 때가 있다. 가족이 가까이 살면서 그런 역할을 대신해 주는 행운을 누리는 사람들도 많다. 다음은 가족들에게 가까이 살자고 제안을 한 여성의 사례를 소개하겠다. 이 여성의 경우 가족과의 공동육아가 매우 성공적이었다.

남편과 나는 처음 오트웰(Ottwell) 지역에 집을 샀습니다. 우리 동네가 매우 마음에 들어서 형제나 자매 들이 살 곳을 찾으면 언제나 우리 집에서 가까운 곳의 집을 알아봐 줬어요. 그래서 지금 두 여동생과 오빠 가족이 우리와 가까이 살고 있죠.

그렇게 수년째 필요에 따라 서로 도우며 살고 있어요. 올케인 신디와 나는 결혼 생활을 시작하면서 같은 건물에서 살았어요. 우리는 지하에 세를 살고 오빠네는 위층에 살았죠. 우리는 첫 아이도 3주 간격으로 낳았어요. 같은 건물이니 주로 문을 열어 놓고 살았어요. 아이들은 하루 종일 위 아래층의 두 집을 자유롭게 오르내리며 컸고요. 우리 아이가 낮잠을 자면 올케가 자는 애를 봐줬고 그동안 나는 외출을 하거나 쇼핑을 갈 수 있으니 고마웠어요.

그러다 처음으로 집을 사서 이사를 하게 됐는데, 같이 살면서 누리던 장점을 더 이상은 누릴 수 없는 게 무척 아쉬웠어요. 그래서 오빠네도 우리 집에서 두 블록 정도 떨어진 곳에 집을 샀어요. 첫 아이가 유치원에 다닐 때 내가 또 막 아이를 낳은 때라 신디가 아이들의 등교를 챙겨 줬어요. 정말 축복과도 같은 일이에요.

우리는 일주일에 한 번씩 번갈아가며 아이들을 맡아 길렀어요. 월요일은 내가 신디의 아이들을 돌보고 수요일은 신디가 우리 아이들을 데려다가 봐줬어요. 엄마들은 일주일에 하루씩 아이 없는 날을 즐겼지요.

또 몇 년 동안 여동생 맨디와도 금요일 밤마다 번갈아 가며 서로 아이들을 봐주었어요. 이번 주 금요일에 맨디와 제부가 와서 아이들을 맡기고 가면 다음 주 금요일은 맨디가 우리 아이들을 데려가 봐주지요.

무료로 서로 보모 역할을 해 주고, 아이들은 사촌끼리 사이좋게 노는 기회를 가져요. 지금은 아이들끼리 모두 친해서 두 집을 오가고 학교도 같이 다닌답니다.

아이들 점심도 이런 식으로 번갈아 가며 먹여요. 순번을 정해 아이들을 한꺼번에 학교에서 데려와 점심을 먹이고 집에 데려다주죠. 그러면 일주일에 이틀은 다섯 아이의 점심을 차려 먹여야 하지만 이틀은 아예 점심을 차릴 필요가 없어요. 일종에 '선행 나누기' 방식이에요. 그런데 신디가 우리 세 아이를 데려가서 봐주고 나는 신디의 아이 하나를 봐 줄 때는 신디에게 불공평하다는 생각에 마음이 불편했어요. 몇 년이 지난 지금 나는 신디의 아이들을 봐주고 있지만 우리 아이들은 커서 신디에게 맡길 필요가 없어졌어요. 가끔 신디의 아이들을 봐줄 때면 올케는 이렇게 말해요. "오늘 아이들 좀 봐줄 수 있어요? 그런데 아가씨한테 보답할 수 있는 게 없는 거 같아서 기분이 좀 안 좋네요."

그러면 나는 이렇게 대답해요. "언니가 우리 아이들을 다 봐줄 때도 있었어요. 기억 안 나요?"

다른 아이들에게 엄마 노릇이나 조언자 역할을 하고 봉사하는 것은 만족도가 매우 큰 일이다. 보람이 느껴진다는 점 이외에도 협력해서 일하는 것은 현명한 행위다.

한 연구에 의하면 협력은 우리 안에서 최고의 것을 이끌어 낸다. 거의 모든 직업, 기술 또는 행동을 대상으로 실험했을 때 이는 사실로 증명되었다. 예를 들어 협력을 잘하는 과학자들은 그렇지 않은 과학자들보다 논문 발표를 더 많이 하는 경향을 보인다. 또한 협력적인 비즈니스맨들은 급여를 더 많이 받는다. 초등학교에서부터 대학까지 협력적인 학생의 성적이 평균적으로 더 높게 나왔다. 협력해서 일하는 인사부 관리자들의 경우 직원을 뽑아야 하는 일이 적다. 또한 협력은 창의성을 증대한다. 그런데 안타깝게도 대부분의 사람들은 협력하는 법을 배우지 않는다.[01]

당신이 도움과 우정을 필요로 한다면 먼저 다른 사람들에게 줄 수 있는 재원으로 무엇이 있는지 알아보는 것이 좋다. 사람들과 함께 작업할 일을 만들 때는 작업 관계를 계속할 수 있도록 서로에게 득이 되는 해결책을 찾으려 노력한다. 물론 때에 따라서 당신이 더 많이 줄 때가 있고, 반대로 다른 사람이 더 많이 베풀 때도 있다. 하지만 가능하면 서로에게 득이 되도록 상황을 만들어 가는 것이 좋다.

크리스마스 때 나는 올케 멜리사와 린지와 이야기를 나누며 그들이 서로 어떻게 효과적으로 도울 수 있었는지에 대해 들었다. 멜리사와 린지는 같은 도시에 살지만 사는 곳이 가깝지는 않다. 멜리사는 시간제로 일하며 학교에 다니는 아이 넷을 키운다. 린지는 전업주부로 한 살짜리 아이가 있다. 엄마로서 둘의 생활이 너무도 다르기 때문에 서로 교류할 시간을 만들기가 어려웠다.

서로의 입장과 상황을 이야기하다가 그들은 자신이 제공할 수 있는 것과 필요한 것에 대해 확실히 의견을 교환했다. 린지는 대학 때 음악을 전공했고 음악 교육 자격증을 가지고 있다. 음악을 가르치고 싶었던 린지는 일주일에 한 번 멜리사의 집에 가서 조카들의 악기 연습을 봐주기로 했다. 린지가 조카들의 악기 연습을 봐주는 동안 연습을 하지 않는 조카가 린지의 한 살짜리 아기를 봐준다. 그래서 린지는 아기 뒤만 쫓아다니며 시간을 보내지 않고 친척들과 교류하는 시간을 정기적으로 가질 수 있었다. 또한 멜리사는 그동안 아이들을 돌보는 데 신경 쓰지 않으면서 자신의 일을 하거나 저녁을 준비할 수 있었다. 린지와 멜리사 그리고 아이들 모두에게 득이 되는 전략이었다.

봉사는 모두의 삶에 중요하다. 그런데 봉사를 통해 양쪽 모두 이득이 되면서 문제도 해결한다면 장기적으로도 볼 때 지속 가능한 방법이 된다. 자신에게 필요한 도움을 얻어 내는 가장 영리한 방법인 것이다. 당신이 음식을 잘 만들고 집안일의 달인이라면 아이의 보모 역할을 해준 이에게 음식을 만들어 주면 된다. 물론 만들면서 나오는 재료의 비용은 나누어 부담하면 된다. 또는 당신에게는 복잡한 상황에서도 정리를 잘하거나 수업을 할 수 있는 재능이 있을 수 있다. 아니면 컴퓨터를 인내심 있게 다루지 못하는 사람을 위해 온라인 사진첩을 만들어 주고 그 대가로 그 사람이 당신의 정원 일을 도와줄 수도 있다. 핵심은 무엇이 되었건 서로 교환하는 것이 두 사람에게 정말 득이 된다면, 그 관계의 신뢰도가 더욱 강화되고 더욱더 오래 지속될 수 있는 관계가 만들어지는 것이다.

내 친구 안젤라가 유치원의 다른 엄마들과 함께 서로에게 득이 되는 학부모 모임을 시작했다는 소식을 전해 왔다.

> 즐거운 학교(Joy School) 프로그램은 린다 에어(Linda Eyre)와 리처드 에어(Richard Eyre)에 의해 시작됐어. 이 프로그램은 자발성, 호기심, 목표 설정의 기쁨 같은 유년 시절의 즐거움에 초점을 맞추는데 많은 아이들이 참여할 만한 자연주의 과정 같아. 나는 엄마들을 모아서 모임을 만들고 일주일에 두 번씩 아이들을 가르치는 프로그램을 짰어. 이번 주는 A엄마의 집에서 A엄마가 가르치고 다음 주는 B엄마의 집에서 B엄마가 가르치는 식으로 순번을 정해 돌아가는 거야. 엄마들과 아이들 모두 재미있게 연결되어 교류할 수 있는 방법이야. 아이들이 여러 집을 다니며 가는 곳마다 환영받는다는 느낌을 만끽할 수 있는 방법이기도 하고.

또 다른 친구는 어릴 때 엄마와 친구들이 돌아가며 서로를 도운 이야기를 했다. 일주일에 한 번씩 엄마들이 그룹 일원의 집에 방문해 함께 그 집의 큰일을 해 줬다고 한다. 예를 들어 아이들은 A집의 엄마가 집에 데려가 돌보고 나머지 엄마들이 B집에 모여 그 집의 벽을 함께 청소하는 것이다. 그다음 주는 C집에 가서 사과나무에 달린 사과를 따는 일을 했다. 엄마들이 일을 하는 동안 아이들은 한데 모여 놀았다. 나는 이런 아이디어가 참 좋았다. 그 엄마들은 단순한 친구 이상의 동지애를 나눴다고 생각했다.

그와 똑같이 하고 싶다는 열망을 간직한 채 나는 일주일에 나흘은 바깥에 나가 사람들과 함께 활동하는 스케줄을 짰다. 화요일과 목요일은 사이클링 마마스 활동을 한다. 월요일과 금요일은 친구 캐런과 탈리아와 함께 교환(swap) 활동 계획을 세웠다. 사이클링 마마스 활동의 이점에 대해서는 앞서 충분히 언급했으니 이번에는 일과를 바꾸는 '교환 활동'에 대해 이야기해 보겠다.

우리는 이런 식으로 계획을 짰다. 아침에 친구가 아이들을 우리 집에 데려온다. 집에서 아이들을 먹이고 오후에는 내가 아이들을 친구에게 맡기는 것이다. 다른 엄마들과 내가 동료가 되는 이런 설정이 좋다. 서로 하루에 서너 번을 만나게 되는데, 그렇게 하니 하루의 일과를 함께 처리해 나가고 있다는 기분이 들었다.

월요일 아침과 수요일은 하루 종일 친구인 브리의 어린 딸을 봐주기로 했다. 이건 보수를 받기로 한 일이다. 처음에는 내가 하기에 조금 버겁지 않을까 싶어서 망설였는데, 결론적으로 브리와 그녀의 딸을 내 삶의 리듬에 포함시킨 것은 잘한 일이었다. 나는 이것도 일종의 교환 활동으로 본다. 이번에는 똑같은 품앗이가 아닌 돈으로 교환한 것인데 이는 나에게도 생산적이었다.

이런 식으로 우리는 주중에 일하면서 서로를 삶에 포함시켰다. 대화를 통해 스트레스를 해소하고 함께 웃을 수 있는 기회도 만들었다. 이 모든 활동이 생산적으로 이루어졌다.

내가 짠 교환 활동이 매주 원래 의도대로 이루어지는 않았다. 아이들이 아프기도 하고, 엄마들도 병이 날 때가 있다. 살다 보면 이런저런 일이 생긴다. 매주 교환 활동을 하는 게 번거로워 보일 수 있지만 결론적으로 나는 일을 줄이는 효과를 봤다. 엄마들과 교환 활동을 하는 1년 동안 재미있는 일이 일어났다.

상반기는 계획대로 순조롭게 진행되었다. 꾸준히 교환 활동과 사이클링 마마스 활동을 이어 나갔다. 그랬더니 천천히, 그리고 확실히 우울한 기분에서 벗어난다는 것을 느낄 수 있었다.

그러던 어느 날 교환 활동을 같이하는 친구 중 한 명이 군사 훈련 때 하는 고강도의 운동을 하자고 제안했다. 재밌겠다는 생각에 나는 덥석 받아들였다.

그녀는 내게 조심하라고 주의를 줬다. 힘들거나 불편한 기분이 들 정도로 자신을 한계로 몰아붙이지 말라는 그녀의 현명한 경고에도 불구하고 불편한 기분이 들 정도로 나 자신을 몰아붙였다. 그다음 날 나는 목을 거의 움직일 수 없을 만큼 극심한 고통을 느꼈다. 목의 신경이 조여들어서 생기는 통증이 오른쪽 팔까지 타고 내려왔다. 마우스를 클릭하기도 힘들 정도로 아팠다. 일어나지도 못했다.

이번에도 나를 살려 준 건 엄마였다. 엄마가 우리 집으로 와서 아프고 나서 너무 힘들었던 첫 주 내내 나를 도와주었다. 그 뒤에도 가능할 때마다 나를 도왔다. 척추 지압사, 의사, 물리 치료사, 마사지 치료사, 침술사, 접골사 등을 찾아가 치료를 받았지만 좀처럼 낫지 않았다. 그렇게 넉 달 이상 만성 통증에 시달렸다. 힘든 시간을 보내다가 이제 좀 기분이 나아지려나 싶었는데 아프니 왠지 화가 났다.

상황이 그러니 더 이상은 교환 활동을 못할 거라 생각했는데, 기적처럼 교환 활동을 함께하던 탈리아가 나를 도와주었다. 탈리아는 교환 활동을 하는 날 내 아이들을 데리고 가 봐줬고 자신의 아이들을 우리 집에 맡기지는 않았다. 탈리아의 마음이 너무 고마웠고, 우리가 연결되었다는 느낌을 받았다. 나는 어려울 때 의지할 수 있는 친구를 만든 것이다. 탈리아를 향한 내 애정은 더욱 깊어졌다.

최악의 상태에서는 벗어나 조금씩 정상적으로 기능하게 되었을 때 이번에는 탈리아가 하와이에서 하이킹을 하다가 무릎을 다쳤다. 그녀는 목발을 짚고 돌아왔다. 그래서 이번에는 한동안 교환 활동의 날 내가 탈리아의 아이들을 데려왔다. 물론 내 아이들을 그녀에게 맡기지는 않았다.

그런데 이번에는 또 캐런에게 불운이 찾아왔다. 캐런은 만성 질병 진단을 받았던지라 약을 복용하고 있었는데 병세가 갑자기 악화되어 병원에 입원하게 됐다. 도움이 절실한 상황이었기에 탈리아와 나는 캐런과 그녀의 가족을 적극적으로 도왔다.

비슷한 시기에 쌍둥이를 임신한 친구 브리의 배는 점점 더 커졌다. 브리는 임신을 아주 기뻐했지만, 시간이 지날수록 임신 기간의 힘겨움이 가중되면서 무척 힘들어했다. 이미 아이가 둘이 있고 시간제 일까지 하며 바쁘게 지내던 브리는 완전히 지쳐 버렸다. 내가 브리의 아이들을 돌본 것은 잘한 일이었다. 내 아이들은 함께 놀 상대가 생기고, 약간의 돈도 벌 수 있고, 동지를 한 명 더 내 삶에 포함시킬 수 있었기 때문이다. 브리의 애들을 지속적으로 돌봐주므로 그녀가 마음의 평화를 얻을 수 있었던 점은 물론이다.

나는 브리에게 수요일 저녁을 많이 만들어 브리 가족들과 나눠 먹는 방식을 제안했다. 브리는 해당 분량의 재료비만 내면 최소한 일주일에 하루는 저녁 걱정을 하지 않아도 되는 것이다. 내가 음식을 만드는 동안 브리는 우리 집 부엌 테이블 앞에 앉아 만족스러운 한담을 나눌 기회를 가질 수 있었던 점도 좋았다.

이런 형태의 교환 활동이 모두 쉽게 이루어진 까닭은 이들이 모두 이미 내 삶의 일부분으로 엮여 있는 친구들이기 때문이다.

세상은 도움을 필요로 하는 사람들로 가득하다. 당신이 도움의 손길을 내밀었는데, 자신에게 필요한 욕구를 채우면서도 동시에 세상의 수많은 욕구를 충족시킬 수 있다는 것을 알면 무척 놀랄 것이다. 이렇게 주고받는 교환 활동은 앞서 소개한 천국의 행복한 식사 자리에서 일어나는 일과도 같다. 모두 손이 묶여 있는 상태에서 자신이 아닌 다른 사람을 먹여 주려 노력하는 모습과 같다. 우리가 사는 이 커다란 세상에서 고군분투하는 엄마들에게 도움의 손길을 뻗을 때, 당신은 천국을 만드는 멋진 경험을 하게 될 것이다.

스스로
외로운 섬이라고 느끼는
엄마들을 위해

　지구의 역사를 살펴보면 현존하는 모든 대륙과 섬이 하나의 거대한 덩어리였던 때가 있었다. 그러다 이후 제각기 떨어져 나가 지금과 같은 모습이 되었다. 다양한 시대를 살아간 엄마들의 모습을 관찰하면서 지금 엄마들이 그와 비슷한 모습을 띤다는 생각이 들었다. 하지만 우리는 각자의 섬에 홀로 갇혀 있는 상태를 받아들일 수 없다. 모든 엄마들이 생의 어떤 한 시점에서는 도움을 필요로 하기 때문이다.

　최근 나는 사라와 연락을 하게 됐다. 사라는 독립적이고 효율적으로 일을 해내는 놀라운 능력의 소유자이다. 높은 빌딩을 단번에 훌쩍 뛰어넘으면서 동시에 모유 수유도 할 수 있을 정도로 능력이 출중하다. 사라의 세 아이는 모두 일곱 살 미만이고 막내는 이제 18개월이다. 그리고 그녀는 현재 임신 7개월이다.

이렇게 초인적인 힘의 소유자인 사라도 요즘 좀처럼 집 바깥으로 나오지 못하고 있다. 그녀의 세 살 난 딸이 또래들이 그렇듯 유난히 보채며 애정을 갈구하고 문밖으로 나가려 할 때마다 심하게 칭얼거린다고 한다. 이웃집 할머니가 잠깐 사라의 집에 들러 그녀와 이야기를 나눴다. 사라는 아이가 심하게 보챈다고 말했다. 할머니는 아이에게 좀 더 주의를 기울이고 신경 쓰라고 조언했다.

"좀 더 관심을 가져줘요. 엄마가 그렇게 하면 아이가 덜 보챌 거예요. 원래 아이들은 그래요."

사라는 이 이야기를 내게 하면서 이렇게 질문했다.

"그런데 더 이상 그럴 힘이 없을 때는 어떻게 해야 하죠?"

엄마로서 우리는 언제나 질문의 답을 찾으려 한다. 아기가 밤에 안 깨고 자려면 어떻게 해야 할까? 네 살짜리 아들이 재미있다고 벽에 오줌 싸대는 걸 못하게 막으려면 어떻게 하나? 애들이 "엄마, 모기가 바늘에 앉았다가 지진이 나면 무슨 일이 벌어져요?"라고 묻는, 말도 안 되고 대답하기도 불가능한 질문에도 답을 하려 노력한다. 답을 하기 어려울 때가 가끔 있다. 하지만 받아들이기 어려운 것은 이미 답을 알고 있고 무엇이 아이에게 도움이 될지 알면서도 그걸 주지 못할 때다.

엄마의 길을 걷는 모든 여성들은 자기가 충분하지 않다고 느낄 때가 있다. 나도 경험했다. 혼자일 때 나는 충분하지 않았다. 하지만 이제는 더 이상 그런 감정 때문에 죄책감을 느끼지 않는다. 이제는 혼자가 아니라 함께이고 우리는 충분하니까.

나처럼 섬이라 느끼는 동지들과 나누고 싶은 점이 바로 이것이다. 우리 모두 때로는 아무것도 없는 공허의 바다를 쳐다본다. 하지만 함께 있으면 우리는 충분하다.

나는 여섯 살, 세 살 그리고 10개월 된 아이의 엄마다. 엄마로서 내 에너지와 시간은 한계가 있다. 나는 짬짬이 글을 쓴다. 시간을 쪼개 글을 쓰고 있으면 10개월 된 아기가 마우스를 움켜쥐고 흔들고, 세 살 아들은 색칠을 다 마쳤다고 말한 다음 300개쯤 되는 질문을 마구 쏟아부으며 당장 답을 해 주기를 원한다. 아이들이 모두 잠자리에 들고 나면 그때 내 시간을 조금 가질 수 있다. 수십 가지 산만한 일을 해 나가면서 아주 조금씩 글쓰기 작업을 하고 있다. 화장실 변기를 닦으면서 책에 대해 생각하고, 아이들을 재우느라 함께 누워 있을 때도 생각한다. 내 마음이 그런 자투리 시간에 한 생각들을 귀담아 듣고 감동했기 때문에 어딘가에 기록해 두어야만 했다.

그렇게 해서 이 졸저를 엄마들에게 내놓게 되었다. 차곡차곡 병 속에 메시지를 담아 그 병을 책의 바다에 던졌다. 주제는 '육아와 엄마 되기'쯤 되겠다. 외로운 섬에 혼자라고 생각하는 어떤 엄마가 해변에 밀려온 이 책을 발견하고 집어 들어 마음 깊이 그녀는 혼자가 아니라고 느낄 수 있기 바라는 마음이다.

서로가 필요한
엄마들

『엄마는 누가 돌보지?(Mothers of the Village)』번역 작업을 하고 있을 때인 작년 여름 오랜만에 돌잔치에 갔다. 그 전해에 사촌 여동생이 뒤늦게 낳은 아이의 돌잔치였다. 결혼이 그리 늦지는 않았지만 오랫동안 아이가 없었던 터라 내심 초조해하며 기다렸다. 노산이 많은 요즘이라지만 아무래도 나이 들어 첫아이를 낳은 사촌 동생이 안쓰럽다는 생각이 들었다. 나이 들어 엄마가 되는 경우는 무엇보다 체력이 달려 특히 육아가 힘들다는 말을 많이 들었기 때문이다.

동생이 내게 시시콜콜 아이 키우기의 어려움을 토로하지는 않았지만 주변 친구들이나 후배들이 아이를 낳고 키우는 과정을 지켜보면서 그 일이 얼마나 힘들지 충분히 가늠할 수 있었다.

뒤늦은 출산만이 문제는 아니다. 일찍 결혼해서도 요즘처럼 살기 팍팍한 환경에서 홀로 또는 직장 일을 하면서 육아를 해야 하는 여성의 고된 삶을 목격하기는 그리 어려운 일이 아니다.

또 다른 후배 역시 오랜만에 소식을 전하면서 연락하지 못한 기간 동안 둘째 아이를 낳고 혹독한 산후 우울증과 육아로 힘든 시간을 보냈다고 했다. 힘든 이야기를 담담하게 꺼내니 가슴이 아팠다.

육아의 어려움은 반드시 직접 경험을 하지 않는다고 해도 충분히 짐작할 수 있다. 같은 여성으로서 느끼는 자매애가 작용하기 때문이리라.

이 책의 저자 시제이 슈나이더 또한 엄마가 되면서 나의 사촌 동생이나 후배와 매우 비슷한 경험을 했다. 결혼과 출산 전에는 스스로 독립적이라 생각하고, 모험심 강하며 한곳에 정주하기보다 자유로운 삶을 추구했던 슈나이더는 분명 내가 이전에 만났던 수많은 전형적인 '서양 여자'의 틀에 딱 들어맞는 캐릭터이다. 그런 그녀가 삶이 이끄는 대로 결혼이라는 새로운 모험을 하고 아이를 낳아 키우는 일생일대의 도전을 하면서 부딪힌 '엄마 노릇'의 어려움과 힘겨움을 절절하고 생생하게 토로한다. 슈나이더는 이 책을 통해 자녀를 낳아 키우며 느끼는 무한한 기쁨과 성취감에 함께 따라오는 도전과 고통, 고난을 상세하게 기술한다.

그녀는 엄마들이 필사적으로 마을 만들기를 해야 하는 이유와 방법을 열정적으로 설파하며 엄마 되기는 혼자가 아니라 다 함께 완성시키는 예술이라고 말한다. 엄마 되기는 평범한 많은 사람들이 인간으로서 매우 깊이 있고 숭고한 성장을 할 수 있는 가장 보편적인 방법이다. 이와 관련해 기억에 남는 한 구절을 소개하고 싶다.

> 살다 보면 자신이 짊어져야 할 부분을 인정하고 묵묵하게 그 짐을
> 지고 걸으며 고난이 우리를 더욱 아름답게 만들 수 있음에 감사해
> 야 할 때가 있다. 그 대표적인 사례가 바로 엄마 되기이다. 엄마로서
> 의 삶에는 기쁨, 즐거움, 성취감 등과 함께 언제나 도전과 고통 그리
> 고 고난이 뒤따른다.

저자의 표현대로 엄마 되기란 좋은 것과 나쁜 것이 함께 묶여 있는 패키지 상품을 사는 것과 비슷한 면이 있다. 그만큼 엄청난 과업이기에 혼자서는 해낼 수 없고, 서로에게 서로가, 엄마에게 또 다른 엄마가, 아이에게 엄마 이외의 좋은 어른들이 필요한 것이리라. 엄마들에게 도움은 많으면 많을수록 좋다. 이 책에서 말하는 '알로마더' 혹은 '알로페어런츠'는 아이에게 좋은 영향을 주는 어른들을 의미한다. 아이 키우기는 엄마 혼자가 아닌 마을 전체가 함께하는 심원한 프로젝트인 만큼 부모 이외에 이모, 할머니, 언니 같은 다른 여성이 이 역할을 효과적으로 해낼 수 있다.

하지만 싱글의 입장에서 아이를 키우는 친구나 후배를 만나면 그들과 공감할 만한 것이 점점 줄어드는 것이 사실이다. 그들의 상황을 짐작할 수 있고 이해하지만 똑같은 입장에서 공감하는 것과는 분명 차이가 있다.

예전에 즐겨본 미국 드라마 〈섹스 앤 더 시티〉에서 주인공 중 한 명

인 변호사 미란다가 아이를 낳고 싱글 워킹맘으로 전투 같은 삶을 살아가는 모습을 그린 에피소드가 있었다.

똑똑하고 능력 있는 변호사지만 처음 들어선 새로운 세상에서 미란다는 홀로 힘겨운 싸움을 벌인다. 아쉽게도 그녀의 절친, 싱글 친구들은 마음은 있으되 미란다를 효과적으로 돕지 못한다. 곤경에 빠진 그녀를 구원하는 사람은 바로 같은 아파트 아래층에 사는 이웃집 엄마다. 끊임없이 우는 아기를 달랠 방법을 몰라 당황하고 잔뜩 예민해 있는 초보 엄마 미란다가 처음에는 마뜩치 않았지만 결국 육아의 어려움을 마음 깊이 공감한 아래층 이웃이 미란다에게 손을 내민다.

이렇듯 엄마에게는 누구보다 서로가 필요하다. 이 책에는 엄마의 마을을 만드는 데 도움이 되는 여러 가지 실천 사례와 구체적인 방법이 수록되어 있다. 무엇보다 엄마라면 공통적으로 느낄 수밖에 없는 심정이 진솔하게 드러난다. 그래서 책을 읽으면서 엄마로서 혼자가 아님을 알고 안도감을 느끼게 될 것이다. 그리고 엄마의 마을 만들기에 한 발 더 다가갈 수 있도록 용기를 줄 것이다.

마을 만들기 작업을 시작하는 엄마들이 더욱 많이 생기기를 바란다. 그 마을에서 행복한 엄마로 인해 아이와 가족도 더욱 행복해질 것이다.

| 주석 |

프롤로그

나의 이야기

01. Emma Robertson et al., "Risk Factors for Postpartum Depression(산후 우울증의 위험 요소)" in Donna E. Stewart et al., *Postpartum Depression: Literature Review of Risk Factors and Interventions*(Toronto : University Health Network Women's Health Program, 2003).

1부 ● 엄마에게는 '마을'이 필요하다

분노와 죄책감에 대해

01. 『창세기』 3장 16절.

02. 『로마서』 12장 15절.

03. 존 스타인벡, 『에덴의 동쪽』.

04. 페기 드렉슬러(Peggie Drexler), <집을 떠나는 엄마들이 늘어나는 이유(Why There Are More Walk-Away Moms)>, CNN, 2013년 5 월 6 일(http://www.cnn. com/2013/05/04/opinion/drexlermothers-leaving/).

05. <자녀를 익사시킨 후 목숨을 끊은 리사 깁슨(Lisa Gibson Drowned Her Children and Took Her Own Life)>, Global News, 2013년 10월 4일(http://globalnews.ca/ news/880180/police-classify-case-of-gibsonmom-kids-a-homicide/).

06. 앤 크리텐든(Ann Crittenden), 『모성의 대가(*The Price of Motherhood*)』(New York : MetropolitanBooks, 2001).

07. 주디스 워너(Judith Warner), 『완벽한 광기(*Perfect Madness : Motherhood in the Age of Anxiet f Anxiety*)』(New York : Riverhead Trade, 2005), 12쪽.

08. 위의 책.

09. 위의 책.

10. 캐시 하나우어(Cathi Hanauer), 『집 안의 마녀(*The Bitch in the House : 26Women Tell the Truth About Sex, Solitude, Work. Motherhood, and Marriage*)』(New York : Harper Collins Publishers, 2013).

11. 위의 책.

12. 위의 책.

13. 스티브 윈즈(Steve Wiens), 「아이들의 부모에게 : 이것을 크게 소리 내서 말하는 이가 될 수 있게 하소서(To Parents of Small Children: Let Me Be the One Who Says It Out Loud)」, The Actual Pastor(블로그), 2013년 3월 12일(http://www.stevewiens.com/2013/03/12/to-parentsof-small-children-let-me-be-the-one-who-says-it-out-loud/)

14. 질 코데스(Cordes, Jill), 「엄마라는 신비(The Mom Mystique)」, Parents(http://www.paretns.com/blogs/fearless-feisty-mama/2013/08/16/must-read/the-mom-mystique/)

아무런 도움도 받지 못한다는 느낌

01. 「결혼과 임신은 경제와 어떤 상관관계가 있는가?(What Do Marriage and Fertility Have to Do with the Economy?)」, *The Sustainable Demographic Dividend*(Charlottesville : University of Virginia, 2012 ; http://sustaindemographicdividend.org/wp-conent/uploads/2012/07/SDD-2011-Final.pdf)

02. 힐러리 클린턴(Hillary Rodham Clinton), 『집 밖에서 더 잘 크는 아이들(*It Takes a Village*)』(NewYork : Simon&Schuster, 2006), 314.

03. 라헬 드레친(Rachel Dretzin), <로크데일 군의 사라진 아이들(The Lost Children of Rockdale County)>, Frontline, Rachel Dretzin & Barak Goodman 연출, 1999년 10월 19일 방송(Arlington, VA : PBS, 1999).

04. 마이클 레스닉(Michael D. Resnick), <미국에서 표류하다(Adrift in America)>, PBS(http://www.pbs.org/wgbh/pages/ frontline/shows/georgia/isolated/resnick.html).

05. 브루스 페일러(Bruce Feiler), 「우리를 하나로 묶어 주는 이야기(The Stories That Bind Us)」, New York Times, 2013년 3월 15일(http://www.nytimes.com/2013/03/17/fashion/the-family-storiesthat-bind-us-this-life.html?_ r=0).

06. 위의 기사.

07. 프랭크 카프라(Frank Capra) 감독, <멋진 인생(It's A Wonderful Life)>(Liberty Films, Frances, 1947).

08. 수니야 S. 루서(Suniya S. Luthar), 「풍성함의 문화 : 물질적 풍요로움에 대한 심리적 대가(The Culture of Affluence : Psychological Costs of Material Wealth)」, Child Development 74, no.6(2003) : 1581~1593.

09. 위의 논문.

10. 위의 논문.

11. 데이비드 G. 마이어스(David G. Myers), 『미국의 역설(*The American Paradox: Spiritual Hunger in an Age of Plenty*)』(New Haven, CT : Yale University Press, 2000).

12. 닥터 수스(Dr. Seuss), 『로렉스(*The Lorax*)』(New York : Random House, 1971).

13. 밀파 프로젝트 웹사이트(http://www.themilpaproject.com/the_team.html).

14. 위의 웹사이트.

15. 린다 그린(Linda Green), 『삶의 방식으로서의 두려움 : 과테말라 마야인의 지혜(*Fear as a Way of Life : Mayan Wisdom in Rural Guatemala*)』(New York : Columbia University Press, 1999).

16. 위의 책.

지금 우리에게 필요한 것

01. 린다 네피코스키(Linda Napikoski), 「집단양육: 아이 하나를 기르는 데 엄마 한 명이면 될까?(Collective Mothering: Does It Take a Mother to Raise a Child?)」, AboutEducation, 2015년 3월 10일(http://womenhistory.about.com/od/feministtexts/a/collec₩-tive_mothering.htm).

02. 캐슬린 켄달-태킷(Kathleen Kendall-Tackett, PhD, IBCLC), 「다른 문화에서 산후우울증을 예방하는 방법 : 산모의 정신 건강을 보호하는 사회 구조(How Other Cultures Prevent Postpartun Depression : Social Structures that Protect New Mothers' Mental Health), Uppity Science Chick, 2015년 3월 10일(http://www.uppitysciencechick.com/how_other_cultures.pdf).

03. T. 베리 브레즐턴(T. Berry Brazelton), PhD, 『듣기에서 배우기 : 아이들을 돌보는 삶(*Learning to Listen : A Life Caring for Children*)』(Boston: Da Capo Press, 2013).

04. 새러 하디(Sarah Hrdy, PhD), 『엄마 그리고 다른 이들 : 상호이해 진화론(*Mothers and Others : The Evolutionary Origins of Mutual Understanding*)』(Cambridge : Harvard University Press, 2011).

05. 위의 책, 78~79쪽.

06. 위의 책.

07. 로라 베직, 엘리사 헤리건, 폴 터크(Laura L. Betzig, Alisa Harrigan, and Paul Turke), 「이팔루크의 육아와 보살핌 방식(Childcare on Ifaluk)」, *Zeitschrift fur Ethnologie*, 114 (1989):17, 161-177(http://www.jstor.org/sta₩-ble/25842108).

08. 새러 하디, 위의 책, 131쪽.

09. 판 이젠도른, 사기, 램버본(Marinus van IJzendoorn, Abraham Sagi, and Mirjam W. E. Lambermon), 「돌보는 이가 많아서 생기는 모순 : 네덜란드와 이스라엘의 자료(The Multiple Caretaker Paradox : Data from Holland and Israel)」, 『부모를 넘어서 : 아이의 삶에서 다른 어른의 역할(Beyond the Parents : The Role of Other Adults in Children's Lives)』(San Francisco : Jossey-Bass, 1992), 5~24쪽.

10. 케모언, 리더만(Rosanne Kermoian and P. Herbert Leiderman), 「동아프리카 공동체에서 유아가 엄마와 돌모비 어느에게 보이는 애식(Infant Attachment to Mother and Child Caretaker in an East African Community)」, International Journal of Behavioral Development, 1986.

2부 • 마을 만들기에 꼭 필요한 것들

서로 의지하겠다고 선언하기

01. 찰리 토드(Charlie Todd), <함께하는 기상천외함(The Shared Experience of Absurdity)>, 2011년 5월 촬영됨, TED 강연(http://www.ted.com/ talks/charlie_todd_the_shared_experience_of_absurdity/transcript?language=en).

02. 위의 강연.

03. 리즈 그레인저(Liz Granger), 「암, 좋은 세포가 나쁜 세포가 될 때(Cancer—When Good Cells Go Bad)」, The Brain Bank(블로그), 2013년 3월 11일(http://thebrainbank.scienceblog.com/2013/03/11/cancer-when-good-cells-go-bad/).

04. 「인간의 신체에서 세포는 어떻게 함께 일할까?(How Do Cells Work Together in the Human Body?)」, McGraw Hill Resoruces : Topic 1.3, Whitby, Ontario : McGraw Hill Education, 2014.

05. 페이스북 페이지(https://www.facebook.com/fractalstateofmind).

06. 시어도어 루스벨트(Theodore Roosevelt), 뉴욕 주 농업 연합 연설(Address to the New York State Agricultural Association, September 7, 1903, http://www.presdiency.ucsb.edu/ws/?pid=24504).

07. 마틴 루터 킹 주니어(Martin Luther King Jr), 「위대한 혁명 중에 깨어 있으며(Remaining Awake through a Great Revolution」(오벨린 대학 연설, 1965, http://www.oberlin.edu/external/EOG/BlackHistoryMonthe/MLK/CommAddress.html).

08. 루크맨 해리스(Lukman Harees), 『인간 진보의 고속도로에서 존엄이라는 신기루(The Mirage of Dignity on the Highway of Human 'Progress': The Bystanders' Perspective)』(Bloomington, Indiana : AuthorHouse, 2012), 73쪽.

09. 라리사(Larissa Condradt), 티모시(Timothy J. Roper), 「동물들의 의사결정 방식(Consensus Decision Making in Animals)」, Trends in Ecology and Evolution 20, no.8, 2005.

다양성에 대해 깊이 인식하기

01. 토마스 암스트롱(Thomas Armstrong), 『신경 다양성(*Neurodiversity : Discovering the Extraordinary Gifts of Autism, ADHD, Dyslexia, and Other Brain Differences*)』(Cambridge, MA: Da Capo Press, 2010)

돌봄과 친구 되기

01. 폴 잭(Paul Zak), <신뢰, 도덕성 그리고 옥시토신?(Trust, Morality-and Oxytocin?)>, 2011년 7월 촬영, TED Global, 16:34(https://www.ted.com/talks/paul_zak_trust_morality_and_oxytocin).

02. 새러 하디, 앞의 책, 271쪽.

03. 게일 버코위츠(Gale Berkowitz), 「여성들의 우정에 관한 UCLA 연구 : 투쟁 또는 도주의 대안(UCLA Study on Friendship Among Women : An Alternative to Fight or Flight)」(http://www.anapsid.org/cnd/gender/tendfend.html).

04. 위의 보고서.

05. 조안 마틴(JoAnn Martin), 「모성 그리고 힘: 멕시코 공동체 내 정치에서 생성된 여성의 문화(Motherhood and Power: The Production of a Women's Culture of Politics in a Mexican Community)」, American Ethnologist 17, no.3(August 1990) : 470-490쪽.

할머니, 이모, 언니 들과 친해지기

01. 새러 하디, 앞의 책.

주기 그리고 받기

01. 사무엘 버틀러(Samuel Butler), 「연결하기 그리고 단절시키기(Joining and Disjoining)」, *Literature in English*, W. H. New and W. E. Messenger(Scarboroguh, Ontario : Prentice Hall Canada, 1993), 1088-1089쪽.

02. 위의 글.

우리의 불완전함을 끌어안기

01. 브레네 브라운(Brene Brown), 『불안전함의 선물(*The Gift of Imperfection*)』(Center City, MN : Hazelden, 2010), 26쪽.

02. 위의 책, 53쪽.

03. 위의 책, 70쪽.

04. 브루스 K. 알렉산더(Bruce K. Alexander), 「중독 : 쥐들의 공원에서 본 관점(Addiction: The View from Rat Park)」(http://www.brucekalexander.com/articles-speeches/rat-part/148-addiction-the-view-fromrat-park), 2010.

05. 로저 스타크(Roger Stark), 『폭포 개념 : 중독 회복을 위한 청사진(*The Waterfall Concept : A Blueprint for Addiction Recovery*)』(Brush Prairie, WA : Silver Star Publishing, 2010).

마을을 위협하는 적 식별하기

01. 스티븐 코비(Stephen Covey), 『성공하는 사람의 일곱 가지 습관(*The 7 Habits of Highly Effective People : Powerful Lesson in Personal Change*)』(New York: Simon& Schuster, 1989, 16쪽), 김영사, 1994.

02. 디히터 우치 도르프(Dieter F. Uchtdorf), 「행복한 가정을 만드는 열쇠(One Key to a Happy Family)」, *Liahona magazine*(Salt Lake City : The Church of Jesus Christ of Latter-day Saints, 2012, https://www.lds.org/liaho₩-na/2012/10/one-key-to-a-happy-family?lang=eng)

동료 엄마들을 위해 봉사하기

01. 캐시 다우닝(Kathi Downing), 「시골 지역 여성들 행복한 일꾼으로 연합하다(Downing : Rural Women United as Happy Workers)」, Corvallis Gazette-Times, 2013년 1월 13일(http://www.gazettetimes.com/news/local/downing-rural-women-as-happy-workers/aticle_80487962-5586-11e2-9f66-0019bb2963f4.html).

02. 위의 글.

03. 앨리슨 핑거튼(Allison Pinkerton), 「다른 사람을 위해 즐겁게 퀼트를 만드는 작업(Happily Making Quilts for Others)」, Herald-Tribune, 2012년 2월 6일(http://www.heraldtribune.com/article/20120206/breaking/120209690. 2012, http://www.heraldtribune.com/article/20120206/breaking/120209690).

04. 위의 글.

3부 • 엄마들의 마을

사소한 변화가 만들어 내는 기적들

01. 페리 버핑턴(Perry Buffington), 「경쟁 대 협력(Competition vs. Cooperation)」, Charles Warner(http://www.charleswarner.us/arti₩-cles/competit.htm).

조은경 옮김

성균관대학교 번역/TESOL대학원 번역학 석사과정을 졸업했으며 전문 번역가로 활동하고 있다. 인문, 철학, 문학, 예술 분야를 비롯해 다양한 영역에 관심이 지대하며 책과 함께하는 삶이 점점 더 즐겁다는 것을 느끼며 산다. 좋은 책을 발굴하고 기획하는 일에도 관심이 있다. 옮긴 책으로는 『뜨는 도시 지는 국가』, 『경이의 땅』, 『위스키의 지구사』, 『생의 2%』, 『신의 죽음 그리고 문화』 등이 있다.

엄마는 누가 돌보지?

ⓒ서유재, 2017

초판 1쇄 발행 2017년 5월 8일

지은이 C. J. 슈나이더 **옮긴이** 조은경
펴낸이 김혜선 **펴낸곳** 서유재 **등록** 제2015-000217호
주소 (우)04091 서울 마포구 잔다리로7길 18(서교동 377-20) 403호
전화 070-5135-1866 **팩스** 0505-116-1866 **대표메일** outdoorlamp@hanmail.net
종이 엔페이퍼 **인쇄** 성광인쇄

ISBN 979-11-957648-6-0 03330